U0917586

# 出版企业
# 版权战略管理

A STUDY OF COPYRIGHT STRATEGY
MANAGEMENT OF
**PUBLISHING ENTERPRISES**

王志刚 著

社会科学文献出版社
SOCIAL SCIENCES ACADEMIC PRESS (CHINA)

本书为教育部人文社会科学基金青年项目
“媒介融合背景下的出版企业版权战略研究”
（项目编号10YJC860045）成果

# 目　录

# 摘 要

出版企业版权战略管理相关问题研究，在宏观层面是知识经济时代的必然选择，也是中国出版产业“走出去”的战略需要，在微观层面则是我国出版单位企业化转型后必须面对的课题。本书关于出版企业版权战略管理的研究，即是在这种背景下以我国出版企业版权业务管理为对象进行的初步探索。论文主题意在强调知识经济时代我国出版企业对于版权业务开展战略化管理的必要性及重要性，重点内容在于探讨我国出版企业如何实现版权业务的战略化管理。基于这个研究目的，本书运用了战略管理和版权管理等理论，采用了调查研究、文献研究、比较分析和案例研究等方法，对我国出版企业版权战略管理问题进行了深入分析和总结。

为了解我国出版企业的版权管理现状，笔者在 2009 年 6 月至 7 月通过访问企业网站等信息收集方式，以我国 24 家出版集团及其下属 163 家出版社为分析样本作了相关调查。从版权管理机构、网站版权相关栏目、反盗版联系方式三个方面的调查数据来看，我国出版企业版权管理尚未得到充分重视，我们在国内很难找到比较成熟的版权业务战略管理模式。而在分析相关研究文献后，我们还会发现理论界关于出版企业版权战略管理的研究也相对较弱。基于国内出版产业界版权管理实践现状和出版学界理论研究现实，本书决定采取以调查分析的方式关注国外发达国家出版企业的版权管理，总结其相关经验，以期获取提升我国出版企业版权战略管理能力的启示。

经过对欧美出版企业版权战略管理经验的梳理，我们可以得出一个结论：出版企业版权业务战略化管理的实现，取决于政府在宏观层面的制度支持和企业在微观层面的自我建设。就宏观方面而言，我国与欧美差距不大，目前整体而言已经具备相对完备的版权管理体系以及相对有力的产业政策支持。而就微观层面而言，长期处于计划经济模式下的我国出版企业则差距较大：欧美出版企业一般围绕版权业务开发和运营建构了相应战略管理体系，而且在具体版权运营过程中采取了一些针对性策略；而我国出版企业版权战略管理支持体系建设相对较差，版权业务的具体开展也缺乏相应的市场化策略。

经过中外比较，笔者认为：我国出版企业版权业务战略化管理水平的提高，应该重点从企业自身着手，具体而言，需从“硬件”和“软件”两个层面加强建设。“硬件”是指出版企业版权战略管理的支持体系，“软件”则指出版企业版权业务的具体运营策略。在版权业务的战略化管理中，相应支持体系等“硬件”建设是开展战略化管理的前提，而具体运营策略等“软件”的采用则是实现版权战略管理目标的关键。

在“硬件”建设方面，笔者认为我国出版企业版权战略管理支持体系应由版权组织体系、版权制度体系、版权文化以及版权技术构成。版权组织处于最核心的位置，发挥着至关重要的作用，它的建构程度直接影响着出版企业版权业务管理能否上升到战略化高度；版权制度的相对完备能保证版权业务执行有规可循，促进版权业务的规范化；版权文化的建设为企业版权业务的开展提供有利的宏观背景，提升企业版权业务管理的战略意识；而版权技术的相对完备则能保障企业版权利益，提升企业处理版权业务的效率，进而提升版权战略管理水平。在“软件”建设方面，笔者认为，出版企业对于版权业务的战略化管理，需要从版权获取、版权开发和版权保护三个层面采取针对性的策略。就版权获取而言，出版企业应该追求权利内容获取的全面性和专业性的统一，坚持版权获取渠道的主动性、专业性和共享性策略。就版权开发而言，在权利内容方面应该坚持出版物核心权利、附属权利和衍生权利三个层面的开发策略，在版权市场开发方面应该加强国际版权市场和数字版权市场的开发，以拓宽目标市场的广度与深度。就版权保护而言，应该坚持维权与授权相结合的版权保护模式，具体而言应该从三个层面加强版权保护：一是增强出版企业自身版权保护力度，二是建立出版企业版权保护联盟，三是积极向行业协会提出版权保护诉求。

**关键词：** 出版企业　版权　战略管理　支持体系　运营策略

# 1 导论

21世纪，人类无可否认地进入了知识经济时代。在知识经济环境下，版权等知识产权资本的地位日益显著，这种资本形式在很多层面优于传统的货币资本、实物资本、人力资本。甚至有些学者认为知识和智慧已取代物质资本而成为第一位具有竞争优势的资源①。人类深深感受到知识产权制度对社会发展的推动，由20世纪末至21世纪初，包含近邻日本、韩国在内的许多国家纷纷提出知识产权兴国战略以利用这一取之不尽用之不竭的创造性资源。我国也于2008年6月发布《国家知识产权战略纲要》，明确提出了到2020年把我国建设成为知识产权创造、运用、保护和管理水平较高的创新性国家战略目标。《国家知识产权战略纲要》的“专项任务”部分指出我国将扶持版权相关产业发展，不仅提出有效应对互联网等新技术引发的版权保护问题，而且明确表明要完善制度以促进版权市场化。就出版企业而言，其知识产权管理主要是版权业务管理，因而在国家宏观知识产权战略颁布的大背景下，加强出版企业版权业务的战略化管理研究成为知识经济时代的必然要求。

本书关于出版企业版权战略管理的研究，意在突出知识经济时代出版企业对于版权业务开展战略化管理的必要性及重要性，重点内容在于探讨我国出版企业如何实现版权业务的战略化管理。而在本书的导论部分，将交待本论文的研究背景、研究对象、研究意义、理论基础以及研究思路和方法。

---

① 李培林：《企业知识产权战略理论与实践探索》，北京：知识产权出版社，2010，第1页。

## 1.1 论题缘起

出版企业版权战略管理相关问题研究，在宏观层面是中国出版产业“走出去”的战略需要，微观层面则是我国出版单位企业化转型后必须面对的课题。

### 1.1.1 加强出版企业版权管理是中国出版“走出去”的战略需要

韩国前文化观光部长南宫镇曾表示：19 世纪是军事征服世界，20 世纪是以经济，到 21 世纪是以文化建构新时代的时候。涵盖出版产业在内的文化产业的勃兴真正说明了这一论断。在当前的国际竞争中，文化贸易成为国际贸易竞争的主流。相比其他国际贸易形式而言，文化贸易不仅带来经济收益，而且还带有强烈的文化输出功能，而文化层面的潜移默化又将在最终层面上推动文化产品经济功能的实现。中国出版“走出去”的目的也存在经济和文化两个战略层面，实践中国出版“走出去”战略的微观实体就是出版企业，较为可行的“走出去”方式就是版权贸易。而目前我国在对外版权贸易领域长期存在的逆差，要求我们必须学习发达国家出版企业先进的版权运作经验，改变我国在世界出版格局中不利的弱势地位，发挥版权贸易的重大作用。因此，在出版企业层面，需要出版企业加强对版权事务的战略化管理。

### 1.1.2 出版单位企业化转型后需要重视版权业务的战略化管理

出版单位的企业化转型，必然导致传统计划经济环境下的资源分配制被市场经济背景下的竞争制所代替。就版权资源而言，由于传统出版体制下的出版社之间缺乏竞争，因而对版权业务的管理也相对简单。企业化转型后的出版企业，首先面临的市场化竞争就是优秀版权资源的争夺，体现出来的就是出版企业间在版权领域的“跑马圈地”。高度重视版权管理的出版企业，能够占领大量优秀版权资源，并经过有效运作而形成企业的版权文化，打造出版企业的品牌优势，最终获得市场竞争优势。然而大部分出版企业未能从传统版权管理模式中转变观念，缺乏全面、长远的版权战略管理，往往在版权资源争夺中遭遇一次次失败，从而造成出版企业运营的不利局面。因而，加强版权业务的战略化管理成为出版单位企业化转型后的必然要求。

### 1.1.3 我国出版企业版权管理的弱势显现出加强相关研究的必要性

为了解我国出版企业的版权管理现状，笔者通过访问企业网站等方式并以我国24家出版集团及其下属163家出版社为分析样本作了相关调查（调查时间：2009年6月至2009年7月）。经过整合调查数据，发现我国出版企业对版权管理尚未加以充分重视。

（1）出版企业版权管理专业化意识相对淡薄

作为出版企业核心竞争力的重要构成部分，对版权资源进行专业化管理有利于其内在价值的充分开发。然而在笔者所作调查的24家出版集团中，在集团层面设置统一版权管理机构的只占所调查集团总数的16.67%（见表1-1），在出版社层面设立专门版权管理机构的仅占所调查出版社总体样本的1.84%（见表1-2）。这种现象说明大部分出版企业对版权的管理仍处于向专业化过渡阶段。在调查的163家出版社中，仍然采用传统模式管理版权业务的共137家，占总体样本的84.05%。这种传统版权管理模式通常由总编室的编务人员管理版权事务，或者由总编室其中的一个（几个）工作人员专项负责，并没有设置专门的版权保护或版权贸易职能部门。这种相对传统的版权管理模式占总体调查样本中的比例非常大，说明我国出版企业在向市场化发展过程中版权管理意识相对滞后。

**表1-1 出版集团专门版权管理机构情况**

| 出版集团名称 | 集团版权管理机构 |
| --- | --- |
| 陕西师范大学出版集团 | 国际合作部 |
| 上海文艺出版集团 | 法务部 |
| 重庆出版集团 | 版权及国际合作部 |
| 浙江出版联合集团 | 出版管理部（对外合作部） |

**表1-2 出版社设立专门版权管理机构情况**

| 所属集团 | 单位名称 | 版权管理部门 |
| --- | --- | --- |
| 中国出版集团 | 商务印书馆 | 版权处 |

续表

| 所属集团 | 单位名称 | 版权管理部门 |
|---|---|---|
| 上海世纪出版集团 | 上海人民出版社 | 版权室 |
| | 上海译文出版社 | 版权室 |

（2）出版企业版权贸易管理意识有待提高

近年来，随着一系列鼓励中国出版“走出去”的政策的频繁推出，版权贸易在一定程度上得到了我国出版企业的重视。在笔者所调查的163家出版社中，有23家出版社设立了对外合作部（国际部）专门管理版权贸易业务，占总体样本14.11%。此外，有36家出版社在网站主页设置了版权贸易相关栏目。由此可见，我国部分出版企业已经意识到版权贸易业务的重要意义。但笔者在调查中发现，仅有极少数出版企业在网站建设中突出了企业的版权贸易业务专线联系方式，很多出版企业仅仅是通过网页介绍了自己的版权贸易成绩，开展相应业务的具体联系方式较为模糊，非常不利于企业版权贸易业务的顺利开展。由此可以看出，虽然我国出版企业有了一定的版权贸易意识，但大部分出版企业目前仍停留在较为初步的宣传层面，没有根据市场需求建立出版企业的版权贸易运作机制。因此，为了充分发挥版权资源的经济效应，出版企业的版权贸易意识仍需进一步提升，从而实现版权价值全方位的立体化开发和运作。

（3）出版企业反盗版意识有待增强

盗版是制约我国出版产业迅速发展的一个重要原因，而盗版屡禁不止的主要原因之一就在于其强大的市场需求。据中国出版科学研究所发布的“第五次全国国民阅读调查”显示，有76.6%的调查对象表示曾经购买过一些盗版音像制品，另有36.9%的人群表示购买过一般盗版图书，10.6%的人群表示购买过盗版的教辅教材[①]。在我国政府不断出台有力打击盗版措施以及国民版权认知力不断提升的背景下，近年来购买盗版情况相对有所好转。比如，2007年我国盗版出版物购买率为

---

① 《调查显示我国公民版权认知度提升，盗版物购买率下降》，［2009－06－13］. http：//gj. chuban. cc/bwkx/200807/t20080723_ 37921. htm。

41.9%，相比 2005 年 45.5% 的盗版出版物购买率已经有所下降[1]。但是，考虑到我国庞大的人口数量，再仔细想一想超过 40% 的盗版出版物购买率，其盗版产品的市场需求已经非常惊人，这也预示着出版企业打“盗”维权迫在眉睫。

对于出版企业而言，应当充分利用网络信息传播的威力，加强反盗版工作。如应将购买盗版出版物的读者作为反盗版的重要信息源，在企业网站开通反盗版热线，促进反盗版信息的有效传播。但在调查中发现，在所调查的 24 家出版集团及其下属的 163 家出版社中，仅有 1 家出版集团（见表 1－3）、6 家出版社（见表 1－4）在企业官方网站突出了反盗版联系方式。有一些出版社（如人民音乐出版社、商务印书馆）尽管在网站主页上突出了反盗版标识，却采用了留言方式，这样就降低了反盗版信息的传播效力。还有一些出版社（如广东人民出版社）虽然公布了企业所有的值班电话，但却未突出企业的反盗版专线。甚至有一些出版社（如河南文艺出版社、文心出版社）在网站上公布了所有部门或个人的办公电话，但要想提供反盗版信息的读者面对众多电话同样不知如何选择。这种现实说明，我国出版企业的反盗版意识亟须加强。

**表 1－3　出版集团突出反盗版联系方式情况**

| 出版集团名称 | 反盗版联系方式 |
| --- | --- |
| 北京师范大学出版集团 | 反盗版举报邮箱：fdb@ bnup. com. cn |

**表 1－4　出版社突出反盗版联系方式情况**

| 所属集团 | 单位名称 | 反盗版联系方式 |
| --- | --- | --- |
| 中国出版集团 | 现代教育出版社 | 反盗版热线：010－64258086　64251256<br>反盗版邮箱：mepfdb@ yahoo. com. cn |
| 湖北长江出版集团 | 湖北教育出版社 | 反盗版举报电话：027－83635190<br>电子邮箱：zbs@ hbedup. com |
| 北京师范大学出版集团 | 北京师范大学出版社 | 反盗版举报邮箱：fdb@ bnup. com. cn |

① 《调查显示我国公民版权认知度提升，盗版物购买率下降》，［2009－06－13］. http：//gj. chuban. cc/bwkx/200807/t20080723_ 37921. htm。

续表

| 所属集团 | 单位名称 | 反盗版联系方式 |
| --- | --- | --- |
| 河北出版集团 | 河北教育音像出版社 | 盗版举报电话：0311－86218316<br>盗版举报邮箱：hebeav@ vip. 163. com |
| 湖南出版投资控股集团 | 湖南文艺出版社 | 举报电话：0731－5983072<br>传真：0731－5983108 |
| 辽宁出版集团 | 辽宁人民出版社 | 反盗版电话：024－23284331<br>反盗版邮箱：xchen@ mail. lnpgc. com. cn |

从以上分析可以看出，由于我国出版企业在管理层面缺乏版权的整体战略管理意识，因而各个出版环节中就出现了版权保护等业务专业化程度不高的现象。因此，为了适应现代出版产业的快速发展，我国出版企业必须将版权业务管理上升到企业发展战略高度，尽快提升自身的版权管理专业化意识，加强对版权资源的深度保护和开发，从而保证版权的核心竞争力在出版企业竞争中得到有力体现。

## 1.2 研究对象

### 1.2.1 概念界定

（1）出版企业

本文所提“出版”，系指出版物的编辑、复制、发行的整个过程，既包括了出版物物质产品的生产过程，又包括了相应的流通过程，即广义的“出版”活动。因此，本文关于“出版企业”概念的界定建立在广义的“出版”概念基础上。

根据《辞海》的定义，企业是指：“从事生产、流通或者服务性活动的独立核算经济单位。”[①] 据此，可以得出出版企业的概念：出版企业是指从事出版物生产、流通等活动的独立核算的经济单位，其主要产品为图书、期刊、电子音像制品、数字出版物、网络出版物等。广义的出版企业包括出版产业链中的上游、中游、下游企业，而狭义的出版企

① 辞海编辑委员会：《辞海》，上海：上海辞书出版社，1980，第391页。

业则专指处于出版产业链中游的内容提供商——出版社、出版集团、出版公司等。本文的研究对象，专指国家正式批准成立的出版社、出版集团或出版公司，即狭义范围的出版企业。

（2）版权战略管理

版权即著作权，属于知识产权范畴。宏观层面的版权管理是指国家有关机构或社会有关组织，采取与本国国情相适应的管理模式和管理手段，对版权行使过程中的授权、侵权、救济等行为进行宏观协调和监控管理，以保护作者、版权人以及与版权相关的出版者、表演者等作品传播者的合法权益，从而保证版权法被切实有效地贯彻执行，维护国家法律的严肃性和完整性①。版权管理落实到企业层面，我们可以结合版权独有的特征，给出如下版权管理的概念：版权管理是指企业运用版权制度等管理手段，维护自身合法权益，获得与保持竞争优势，进而谋求最佳效益而进行的整体性筹划以及采取的一系列策略。

版权战略管理从属于知识产权战略管理的概念范畴。国内著名知识产权战略研究学者冯小青将知识产权战略管理定义为：运用知识产权保护制度，为充分地维护自己的合法权益，获得与保持竞争优势并遏制竞争对手，谋求最佳经济效益而进行的整体性筹划和采取的一系列策略与手段②。由此，我们可以在知识产权战略概念的框架下，结合版权独有的特征，给出如下版权战略管理的概念：版权战略管理是指企业运用版权制度维护自身合法权益，获得与保持竞争优势，谋求最佳效益而进行的整体性筹划和采取的一系列策略。

（3）出版企业版权战略管理

在明晰了版权战略管理的基础上，我们可以这样概括出版企业版权战略管理：即出版企业为获取与保持市场竞争优势，对版权的获取、开发和保护等业务工作所作的总体安排和统一谋划，是出版企业从自身条件、技术环境和竞争态势出发做出的企业版权工作的整体部署，是出版企业谋求最佳效益而进行的整体性筹划和采取的一系列策略。本书的研究重点，在于强调出版企业版权管理的战略化问题，意在强调出版企业应该站在战略高度重视版权业务，要求出版企业从企业长远和全局发展

① 张美娟：《中外版权贸易比较研究》，北京：北京图书馆出版社，2004，第12页。

② 冯小青：《企业知识产权战略（第二版）》，北京：知识产权出版社，2005，第12页。

的角度去认识和思考企业版权管理问题。

### 1.2.2 研究内容

一般而言，版权战略管理体系包括国家、区域、行业和企业四个层面，企业版权战略管理是整个版权管理体系中最微观的层次。出版企业版权战略管理研究内容，主要是出版企业如何通过版权业务管理取得竞争优势问题。具体而言，本书研究主要集中在以下几个方面。

（1）我国出版企业版权管理现状及问题分析

这部分内容主要分析我国出版企业版权业务管理的现状与问题，也是本论文研究的产业背景，故结构上放在论文的“论题缘起”部分。具体分析方面，首先对我国出版企业版权意识进行整体扫描，从两个层面即出版集团层面和出版社层面，以及版权管理机构设置、网站版权相关栏目设置、反盗版方式设置三个方面对我国出版企业版权意识进行整体分析。其次，选取国内一些代表性出版企业，从其官方网站和司法机关官方网站搜索公布的相关版权纠纷信息，从而总结我国出版企业的版权获取、管理和保护的具体规定与执行状况。

（2）出版企业版权战略管理经验的国际参照

国外出版企业版权业务管理经验的借鉴，主要通过个案研究的方式呈现欧美著名出版企业在版权管理方面的经验。如介绍美国出版企业版权战略管理经验时，在教育出版领域选择麦格劳·希尔，在 STM 和学术出版领域选择约翰·威利父子出版公司，在大众消费出版领域选择哈珀·柯林斯和兰登书屋。欧洲出版企业集中关注英国的培生教育出版集团、法国的阿歇特出版集团和德国的苏尔坎普出版社。其经验借鉴拟主要从版权的获取、管理、运营和保护等角度展开。

（3）出版企业版权战略的制定

在版权战略管理模式中，战略制定是战略实施与控制的基础。因此，本书在参照国外出版企业版权战略管理经验的基础上，结合我国出版企业发展现实，为出版企业制定合适的版权战略提供建议。

（4）出版企业版权战略管理的支持体系

欧美出版企业的版权管理经验表明，出版企业版权战略管理体系的建设为版权业务的顺利开展提供了体制上的支持，因而我国出版企业也应加强版权战略管理体系的构建。而在具体建设中，我国出版企业应结合国情和企业发展情况，从版权组织管理体系、制度管理体系、版权文化和版权信息管理系统等方面加强建设。这一部分内容将着重探讨各个支持体系的构建原则及其实施细则问题。

（5）出版企业版权战略管理的实施策略

在研究国外出版企业版权管理时，我们发现欧美出版企业除重视版权战略管理体系的建设外，在开展具体版权业务时也采取了一定的策略。因而我国出版企业同样应在建立相应版权战略管理支持体系这个“硬件设施”的前提下，积极采取符合企业发展的版权业务策略。这一部分将从版权获取、版权开发和版权保护三个方面予以研究。

（6）出版企业版权战略管理的评价与控制

出版企业在制定版权战略以后，具体版权战略实施的效果能否与预期战略目标相一致，取决于企业在执行版权战略时是否采用了有效的控制手段。对此，论文将探讨出版企业版权战略的评价体系及控制机制。

论文研究目标是通过对战略管理理论、版权管理理论等理论知识的运用，借鉴前人的相关研究成果，结合国内外出版企业版权管理实践，为我国出版企业版权管理提供智力支持。论文将通过理论分析与实证调查的有机结合，确定我国出版企业版权管理支持体系的构建模式与原则，并从版权获取、版权开发和版权保护等角度提出完善出版企业版权业务的具体建议，为促进我国出版企业版权业务战略化管理水平的提升提供参考。

## 1.3 理论基础

出版企业版权管理研究涉及许多理论，其中管理学领域的战略管理理论和法学领域的版权保护理论是本论文较为重要的理论基础。

### 1.3.1 战略管理理论

（1）理论缘起

20 世纪 60 年代末 70 年代初，管理学研究者开始关注企业如何应对经营环境的不确定性，寻求发展并赢得竞争优势，战略管理研究日益受到重视。早期构建战略管理理论框架的是美国企业家兼学者安索夫（Ansoff），其著作《公司战略》（1965）初步形成了企业战略管理研究的理论框架。此后，安德鲁斯（Andrews）在其《公司战略概念》（1971）一书中首次提出了战略思想问题，提出制定与实施公司战略的两阶段战略管理模式，并将战略定义为公司能够做的（组织的优势和劣势）与可能做的（环境机会与威胁）之间的匹配，提出了战略制定过程中的SWOT分析框架[①]。此后安索夫（Ansoff）又出版了《从战略规划到战略管理》（1976）、《战略管理》等著作，标志着战略管理理论框架的形成。哈佛商学院教授迈克尔·波特（Poter）也在其两部著作《竞争战略》（1980）、《竞争优势》（1985）中提出战略定位的观点。他认为，战略定位是企业竞争战略的核心内容，形成竞争战略的实质就是要在企业与其环境之间建立联系，企业战略的核心是获取竞争优势[②]。随着世界经济的不断发展，越来越多的企业谋求运用战略管理来增强自己的竞争力，因而关于战略管理理论的研究也得以蓬勃开展。

（2）概念内涵

目前学术界关于企业战略管理的涵义存在狭义和广义两种不同的理解：狭义的战略管理认为企业战略管理是对企业战略的制定、实施、控制和修正进行的管理，其主要代表是美国学者斯坦纳；广义的战略管理则认为企业战略管理是运用战略对整个企业进行管理，其主要代表是美国企业家兼学者安索夫。我们可以看出，狭义概念下的企业战略管理对象是“企业战略”，是围绕企业战略而展开的一系列管理过程；而广义概念下的企业战略管理对象则是“企业”，是针对整个企业所进行的战略性管理。

（3）出版企业版权战略管理的理论前提

本书主张按照广义的概念来理解战略管理，即不限于把战略管理仅仅看成是一种管理方法，更强调为一种整体管理意识。尽管目前主张狭义战略管理概念的学者占主流，但按照狭义的理解，战略管理似乎是一种管理方法，它的完成必须首先有一个战略规划然后按照规划实施。然而事实上很多开展战略管理的企业并没有刻意地去制定一个战略规划，因为企业战略管理本质上更应视为一种管理思想：即从战略意义上去管

---

① Andrews K. R., *The Concept of Corporate Strategy*. Homewood IL: Dow Jones - Irwin, 1971.

② 李培林：《企业知识产权战略理论与实践探索》，北京：知识产权出版社，2010，第18页。

理企业。这一理解更强调的是一种战略意识，或者说战略性思维的运用，强调应站在长远和全局的角度去认识企业管理问题，而不是习惯上的“头痛医头，脚痛医脚”、就事论事的片断式思路①。

一般而言，企业战略管理由三个层次构成，即公司层战略、业务层战略和职能战略。其中公司层战略涉及的是企业总体战略管理问题；业务层战略主要解决的问题是在选定的某一业务领域内如何进行竞争，改进其竞争地位，所以也称为竞争战略；职能战略是针对企业各职能部门或专项工作所制定的具体实施战略，主要解决资源利用效率最大化问题②。本书所研究的出版企业版权业务的战略化管理问题，从整体上看属于企业业务层战略管理问题研究，其目的在于强调出版企业应该强化版权业务管理的战略意识，即要求出版企业站在长远和全局的角度去认识和思考企业版权管理问题。而出版企业这种追求目标的实现，又涉及一些职能战略层面的理论知识，即出版企业相关管理部门如何在结合企业发展目标的前提下，采取适应市场需求的措施与策略，开发和运营企业的版权资源，从而增强企业的核心竞争力。

### 1.3.2 版权保护理论

(1) 版权的内涵

“版权是法律的一个分支，对作者（作家、音乐家、艺术家和其他创作者）的作品给予保护。版权保护包括授予作者们以所有权或财产权(或使用权)，这些权力都涉及作者的物质利益。依版权，作者有权得到保护以制止未经授权而使用其作品，以及享有公众使用其作品而获得的收益。③”版权在我国是指作者对其作品依法享有的专有权，或者说，是指作者及其著作权人对文学、艺术和科学等类作品依法所享有的人身权和财产权的总和。确认和保护作者对其创作的作品享有某些特殊权利的法律就是版权法，或称著作权法。作为知识产权的一种，版权具有无形性、专有性、时间性和地域性等特征。

---

① 李相银：《企业战略管理模型：战略——文化——结构》，《中国工业经济》2002 年第 7 期。

② 吴声功：《企业战略内涵的三个层次》，《统计与决策》2001 年第 11 期。

③ 联合国教科文组织著《版权法导论》，张雨泽译，北京：知识产权出版社，2009，第 3 页。

版权包括人身权利和财产权利两大部分。人身权利又称精神权利，是指作者对其作品所享有的以精神利益为内容的权利，一般包括发表权、署名权、修改权和保护完整权。它是版权人最基本的权利，受到许多国家尤其是大陆法系国家版权法的高度重视和严格保护。在国际间，即使缺乏相互著作权保护协议，通常也制止侵犯对方国家作者人身权利的行为。版权人的财产权利又叫经济权利，包括使用权和获得报酬权。所谓使用权是指作者有权使用自己的作品和许可他人使用自己的作品；所谓获得报酬权是指作者有权从使用他的作品的人那里获得报酬。可以说，作品有多少种使用方式，作者就有多少种获得报酬的权利。与各国著作权法对人身权保护相对统一和稳定不同，对财产权利内容的规定则往往因不同的历史时期或不同的国家而有所不同。我国现行版权法所保护的权利内容可由图 1－1 来表示。

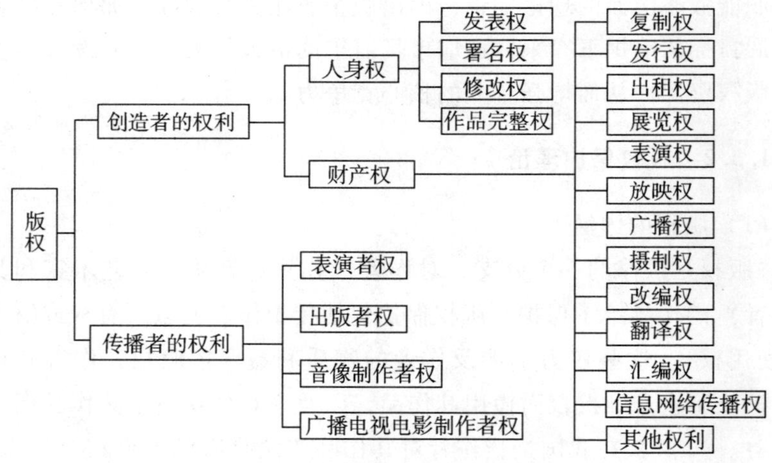


**图 1－1　我国现行版权法权利内容示意**[①]

（2）版权保护制度的发展

关于版权的起源素有争议，但大多数观点都认为版权保护的产生离不开印刷技术的发展。在探求版权保护思想萌发的研究中，中世纪爱尔

---

① 图中"传播者的权利"即邻接权。邻接权（Neighboring Rights）是指作品传播者对其传播作品过程中所付出的创造性的劳动成果享有的权利，是与作者权相关、相邻的权利，所以邻接权有时又叫"与著作权有关的权利"（Related Rights）。我国著作权法第 1 条就称之为"与作者权有关的权益"。

兰“牛犊归母牛”[1] 的传说经常被提及。当时这个传说中要求归还作品的修道院院长芬尼安（Finnian）并不是为了物质利益，因为在那段历史时期，既没有以“写书为生”的人，也没有以“卖书为生”的复制印刷商，所以，也就不可能有现代版权意识的萌动。事实上东西方学者都认同版权是随着印刷术的采用而出现的。《不列颠百科全书》在阐述版权法的词条中写道：“现代版权观念诞生于15世纪末期，是古腾堡发明的印刷术扩展到全欧洲以及由于宗教骚乱导致文艺复兴和基督教新运动的产物。[2]”而印刷术率先在中国的发明也推动版权保护意识在中国的发展，尽管版权在中国究竟起源于何时尚无定论，但大多数学者倾向于“只应追溯到宋代”的主张[3]。从版权保护意识的萌发到原始版权保护制度的形成再到现代版权保护制度的建立，其间印刷术的发展起到了巨大的推动作用。

17世纪资产阶级革命的兴起，使“私有财产不可侵犯”和“人生来自由平等”新思想成为版权保护新的理论依据，从而促生了世界上第一部版权法——《安娜法令》（*The Statute of Queen Anne*）[4]。这部法律因首次将作品作者而不是作品印刷商作为版权保护的主体而成为版权立法史上一个重要的里程碑。此后，许多国家相继制定了版权法。1741年，丹麦和挪威颁布了版权法。1790年美国国会仿照英国《安娜法令》制定并通过了美国历史上第一部联邦版权法。法国分别于1791年和1793年颁布了《表演法令》和《复制法令》。1832年，德意志同盟协议决定在各公国之间实行版权互惠保护，1865年巴伐利亚州颁布了保护文学艺术作者法，1871年统一后的德国颁布了第一部版权法。俄国于1828年亚历山大一世在位时颁布了版权法。日本引进了全部德国民事诉讼法和大部分德国民法的同时，引进了德国的“作者权法”（版权

① 沈仁干、钟颖科：《著作权法概论》，沈阳：辽宁教育出版社，1995，第39页。

② 朱明远：《略论版权观念在中国的形成》，《编辑之友》1994年第1期。

③ 郑成思：《版权法》，北京：中国人民大学出版社，1997，第7页。

④ 1709年英国议会通过，1710年4月1日生效，原名为《为鼓励知识创作而授予作者及购买者就其已印刷成册的图书在一定时期内权利的法》。后人为简便冠以当时在位的英国女王安娜的名字。

法），日文表达为“著作权法”①。1910 年，在参照日版版权法制定原则的基础上，中国颁布了历史上第一部版权法——《大清著作权律》。我国现行版权法是 1991 年制定的《中华人民共和国著作权法》，2001 年为适应加入 WTO 后的版权保护需求对现行著作权法进行了修订。

随着国际交流的日益频繁，国际版权保护问题日益突出，而一系列国际版权公约和协议的出现为各国间处理版权问题提供了法律基础。目前涉及出版领域的国际版权公约主要有《伯尔尼公约》《世界版权公约》《保护表演者、录音制品制作者与广播组织罗马公约》（罗马公约）《保护录音制品制作者防止未经授权复制其作品日内瓦公约》（唱片公约）世界知识产权组织的《版权条约》和《表演及录音制品条约》以及《与贸易有关的知识产权协议》中有关国际版权保护的规定等。

（3）出版企业与版权保护制度之间的关系

就出版企业而言，无论是微观层面的选题、编辑加工、制作等出版活动，还是宏观层面的出版、印刷与发行等出版产业链运作活动，都与版权制度息息相关。出版企业作为内容产业，版权是其生存发展的重要资源，也是出版企业核心竞争力的关键所在。尤其是我国出版企业转企改制实施后，无论是面对国内市场的竞争还是国际出版领域的博弈，都要求出版企业高度重视版权管理。

## 1.4 研究意义

### 1.4.1 理论意义

本文的理论意义，主要体现为从出版企业的角度对版权战略管理问题进行了系统性研究，从而在学科意义上丰富了企业知识产权战略管理研究的理论体系。

出版企业版权战略管理研究，从理论层面而言属于知识产权战略管理研究范畴，本研究所选取的角度，是将知识产权战略管理理论与出版

① 蒋茂凝：《国际版权贸易法律制度的理论建构》，长沙：湖南人民出版社，2005，第 8 页。

企业的市场化运作紧密结合，对出版企业版权战略管理问题进行系统化地分析与研究。由于历史原因，前人在企业知识产权战略管理研究领域多重视专利和商标的战略管理研究，甚至有的学者认为企业知识产权战略管理主要对专利和商标而言①，对企业版权业务的战略化管理很少提及，而针对出版企业版权战略管理展开系统性研究的成果更为少见。因此，本研究在一定意义上能够丰富和完善企业知识产权战略管理理论体系，改变我国企业版权战略管理研究的弱势现状。

### 1.4.2 实践意义

本书的实践意义，在于分析了我国出版企业版权战略管理现状，介绍了发达国家出版企业的版权运作经验，为我国出版企业版权战略管理提供了重要参考。总体而言，我国在版权管理方面已经形成较为完善的版权法律体系，同时《国家知识产权战略纲要》的及时颁布，为出版企业版权战略管理提供了有利的外部环境。因此，也引发了研究者和出版人对出版企业版权战略管理问题的关注。但是，由于我国出版企业长期处于计划经济体制下，因而无论是理论界还是实务界对版权业务战略化管理问题的研究都严重滞后于现实需要，这也造成我国出版企业在市场化竞争中出现诸多版权问题。因此，进行出版企业版权战略管理的系统化研究，构建具有指导性的理论框架，对于指导出版企业应对复杂的版权竞争环境，进行版权业务环境分析和正确定位，选择有效的版权运营模式从而形成出版企业的竞争优势具有极为重要的现实意义。具体而言，本研究将在以下三个方面对我国出版企业版权业务的发展有所助益。

第一，有利于提升出版企业版权业务的战略化管理意识。

出版企业版权业务战略化管理的充分实现，归根结底需要企业管理者在思想层面深刻认识到版权业务的重要性，真正认同版权资源的有效开发是促进出版企业发展的核心动力。本文借用战略管理理论对于版权问题的深入分析，以及对国外发达国家出版企业版权业务的系统介绍，有利于提升我国出版企业版权战略管理意识，从而提高版权业务的整体管理水平，进而提升出版企业的综合竞争实力。

---

① 沈志澄：《论中国企业知识产权战略与实践》，《国际商务研究》2004 年第 5 期。

第二，有利于出版企业构建科学的版权战略管理运行机制。

出版企业版权业务战略化管理的实现，在思想层面需要企业管理者的高度重视，在具体贯彻过程中更需要相对系统的版权管理支持体系。本书从版权组织、版权制度、版权文化和版权技术四个层面较为系统地构建了出版企业版权战略管理支持体系，为我国出版企业构建相应的版权战略管理运行机制提供了有效支持。

第三，有利于出版企业选择明晰的版权运营策略。

出版企业版权业务战略化管理的目标，在于通过版权业务资源整合与市场运作从而使出版企业形成市场竞争优势。因而，出版企业的版权战略管理，除应拥有高度的战略管理意识和构建完备的版权战略管理支持体系之外，还需要在千变万化的市场环境中选择合适的版权运营策略。本书结合出版企业版权业务流程，从版权获取、版权开发和版权保护三个层面较为系统地分析了版权运营策略问题，提出版权获取的内容和渠道策略、版权开发的内容和市场策略，并且针对出版企业版权保护问题提出了较为全面的解决对策。因此，本书的研究成果，有利于我国出版企业在开展版权业务时结合自身情况选择合适的版权运营策略。

## 1.5 研究思路和方法

### 1.5.1 研究思路

本研究主要借鉴战略管理、版权保护的相关理论，先对我国出版企业版权战略管理意识作一个整体扫描，了解现状、总结问题，然后考察国外出版企业的版权战略管理经验。在对中外出版企业版权管理加以比较后，根据我国出版企业发展阶段特征，总结出既适应出版国际化又具有中国特色的出版企业版权战略管理对策。本书的研究逻辑主线可参照图 1 –2。

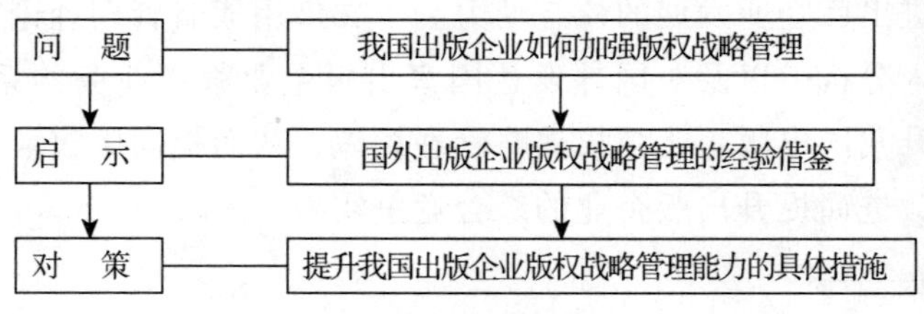


图 1 –2 论文研究逻辑主线

### 1.5.2 研究方法

本书将运用文献研究法、调查研究法、比较分析法和案例分析法等手段，对上述提出的各项研究内容进行研究和论述。力求客观准确，避免泛泛空谈。

（1）文献研究法

研究国内外的相关文献是把握学科前沿和脉搏，进而谋求理论创新的基础。本书主要通过以下渠道收集相关文献：国内外的电子期刊数据库；相关的专业会议上有价值的学术论文；网络搜寻；等等。通过对现有战略管理、知识产权管理等相关理论的树立和总结，提出本研究的一些新的思想和观点。

（2）调查研究法

调查研究方法纵贯本课题研究始终，如通过选取出版集团及其下属出版社作为分析样本，调研方法主要是通过访问企业网站方式获取有效信息。经过整合相关信息，从出版集团、出版社两个层面，以及版权管理机构、网站版权相关栏目、反盗版方式三个方面，对我国出版企业的版权意识进行全面分析，对我国出版企业版权管理情况以调查问卷的方式进行调研。

（3）比较分析法

本书中比较分析法主要用于借鉴国外出版企业的版权管理经验。主要体现为选取在各个专业出版领域有所建树的出版企业，通过企业网站版权信息和相关资料分析各家出版企业的版权管理经验。然后整合几家出版企业的共性之处，总结国外出版企业版权管理方式的可取之处。

（4）案例分析法

出版企业版权管理研究领域目前尚缺乏成熟的理论，许多问题缺乏明确的理论解释，很多理论必须来自对典型案例的针对性分析。本书的研究选取中国出版集团、重庆出版集团、河南出版集团等对象作为研究个案，研究素材主要来自以下几个方面：一是对企业高层领导的访谈；二是对企业年度报告、企业内部文件等资料的分析；三是本人的现场观察；四是国家及地方版权局、新闻出版局等部门发布的年鉴以及网站公布的资料。

# 2　出版企业版权战略管理研究文献综述

对版权管理问题的宏观探讨以及对出版企业版权管理问题的微观探究，共同构成出版企业版权战略管理研究的文献研究基础。为了比较全面地了解和掌握国内外相关研究状况，笔者首先对有关专业网站进行信息调查。选取的网站主要有：中国国家版权局、中国出版网、中国版权信息网、美国版权局、世界知识产权组织、国际版权在线等网站。其次，笔者以“题名”和“主题”的方式对相关学术论文和期刊数据库进行了检索，所使用的关键词有“版权战略”（Copyright Strategies）、“出版和版权”（Publishing & Copyright）、“版权管理”（Copyright Management）、“版权贸易（许可）”（Copyright Trade、Copyright Permission/Licensing）、“版权经营（运营）”（Copyright Operating）、“版权保护”（Copyright Protection）、“版权纠纷（官司、争议）”（Copyright Dispute）等。所检索的数据库有 CNKI（包括期刊、学术论文和重要报纸）、中国人民大学复印资料光盘数据库、Springer LINK Online Journals、Springer LINK eBook、EBSCO、ProQuest Digital Dissertation 等。此外，笔者对相关印刷性文献资料和专著进行了收集。

## 2.1　关于版权战略管理问题的宏观论述

### 2.1.1　关于版权战略管理研究的专著

纵览目前国内较有影响的研究成果，虽然以知识产权为核心的企业发展战略问题得到重视，但关于企业版权战略管理问题研究甚少。相关研究专著研究内容多偏于企业的专利、商标以及商业秘密的相关研究，很少涉及对企业版权管理的系统研究。即使谈及版权战略管理问题，最多也只是体现为对版权管理概念与特征的概括性描述。如冯小青[①]和马一德[②]在谈及企业知识产权管理时，都把版权战略管理的研究界定为是基于著作权客体文化产品特性的研究，在论著中涉及的内容也只是关注版权评估、软件企业的知识产权管理等问题。此外，陈昌柏先生在《知识产权战略——知识产权资源在经济增长中的优化配置》一书中有一章论及“文化创意产业知识产权战略”，就我国文化资源的开发与创新提出了知识产权管理建议，但其主要关注的是动漫产业发展面临的版权困扰问题。

就笔者目力所及，以“版权（著作权）战略管理”为主题的专著目前仅发现一本，即李德成、杨安进等著的《著作权——战略、管理、诉讼》。该书认为版权战略管理适合主营业务为著作权法所称作品的企业，如以软件、图书、音乐、电影电视、动漫、图片、绘画、文艺创作表演为主营业务的企业[③]。提出企业版权战略管理应着重于版权的产生、流转、版权侵权监控以及人力资源管理[④]。此外，该书在开篇阶段也对企业制定版权战略的主要步骤进行了概括介绍[⑤]。但是，书稿的具体论述过程中内容只涉及各种企业的版权保护问题，尤其是对软件产业着墨较多，而对于出版企业关注较少，未从出版企业整体运营的角度研究版权业务战略化管理的具体运作。

### 2.1.2 关于版权战略管理研究的论文

（1）关于版权战略管理的一般理论研究

有学者结合创意产业特征论述了版权战略管理问题。如《创意产业与版权保护》一文介绍了创意产业的内涵，分析了创意产业必须加强版权保护的原因，并指出我国需要建立综合的版权服务体系和高效的版权保护体系并紧紧围绕文化创意产业发展的关键环节做好版权工作[⑥]。《传媒业版权经营初论》一文则结合传媒业的特征论述了“版权经营”

---

① 冯小青：《企业知识产权战略（第二版）》，北京：知识产权出版社，2005，第 18 页。
② 马一德：《中国企业知识产权战略》，北京：商务印书馆，2006，第 39 页。
③ 李德成、杨安进等：《著作权战略、管理、诉讼》，北京：法律出版社，2008，第 3 页。
④ 李德成、杨安进等：《著作权战略、管理、诉讼》，北京：法律出版社，2008，第 3 ~4 页。
⑤ 李德成、杨安进等：《著作权战略、管理、诉讼》，北京：法律出版社，2008，第 13 页。
⑥ 于智慧：《创意产业与版权保护》，《科教文汇》2007 年第 4 期。

问题。作者认为，“传媒产业的深入发展提出了双重性的版权要求，即版权保护与版权经营。版权经营是把版权作为财产权进行开发利用，并充分运用市场策略与商业方法，使版权增值。为此，传媒产业需要确立完全意义上的版权财产观，进行从消极到积极、从保护到经营的版权观念的转变。版权经营的基本路径是利用法律规则、创新经营策略，具体方式多种多样，主要包括产品链开发、资本化经营以及技术的产业化等”。[①] 在《著作权战略的几个问题》一文中，作者首先指出版权战略在出版企业发展战略中具有非常重要的地位，其次作者阐述了著作权保护制度与著作权战略的关系，并对著作权贸易战略进行了着重分析，尤其详细研究了著作权战略与双效益的问题，论证了出版企业加强著作权战略管理的重要性[②]。

此外，有文章讨论了区域版权战略管理问题。如《浙江省动漫产业中知识产权战略研究》一文，分析了浙江省动漫产业面临的问题并提出了三大对策：一是动漫企业加强知识产权意识，逐步建立动漫产品的知识产权保护战略，以维护企业的创意产业利益，培植动漫产业根本；二是加强地方行政立法工作，加强知识产权的司法和行政保护，协调行政部门对动漫产业的知识产权保护工作；三是促进中介服务机构和行业协会发展，为动漫产业中知识产权保护和利用提供服务[③]。王业晖则结合厦门市版权局对该市创意企业版权保护战略状况的调查，从行政管理和企业管理两个层面指明了厦门市创意企业版权保护战略实施的努力方向[④]。《创意产业发展中的版权保护——以杭州市为例》一文则以杭州市为对象，分析了该市创意产业版权战略发展对策[⑤]。

一些国外学者也撰文探讨了版权战略管理相关问题，其研究成果多表现为对数字环境下版权问题的宏观关注。其中，既有对数字时代版权管理的整体思考，如 The Way Ahead: A Copyright Strategy for the Digital

---

① 宋慧献：《传媒业版权经营初论》，《当代传播》2007 年第 5 期。

② 项一莎：《著作权战略的几个问题》，《出版发行研究》2009 年第 12 期。

③ 潘灿君：《浙江省动漫产业中知识产权战略研究》，《今日科技》2010 年第 2 期。

④ 王业晖：《厦门市创意企业版权保护战略调查研究》，《厦门教育学院学报》2008 年第 2 期。

⑤ 张梦新、钱永红、盛洁：《创意产业发展中的版权保护——以杭州市为例》，《中国出版》2008 年第 4 期。

Age（*Managing Information*，2009，Vol. 16，Issue 8）和 Copyright in the Information Society：Scenario's and Strategies（*European Journal of Law and Economics*，Volume 17，Number 2 / 2004），也有对相关产业版权业务的经验分析，如 A Copyright Strategy for your Business：Important Lessons from the Music Industry（*Mondaq Business Briefing*，April，2004）等文章。

（2）国际版权战略管理经验参照研究

在介绍国外版权管理经验方面，学者主要以美国为对象展开了相关研究。论文研究主题，既有关于国家、产业版权战略管理的宏观介绍，也有关于区域、企业版权战略管理的微观个案分析。

关于国家版权战略管理方面，《美国版权战略对我国文化产业发展的启示》一文论述较为全面。文章指出，"美国实施版权战略促进了版权产业的快速发展，为美国经济发展做出了巨大贡献，我国应借鉴美国实施版权战略的成功经验。美国版权战略的主要内容在于有完善的法律制度，重视版权的保护；政府制定优惠政策，营造良好的投资环境；加大版权产业的科技投入和创新；遵循市场规律，追求高额利润；重视人才战略，重金培养引进、储备大量专业人才。对我国的启示：一是我国应建立文化产业法律保障体系；二是制定促进文化产业发展的优惠政策，培育国内文化产业；三是加大文化产业科技投入和技术创新；四是掌握版权市场的运行规律；五是加强文化产业的人才培养。①" 此外，《试析美国版权战略与版权业发展的互动》一文"从美国的版权立法精神和美国版权战略的历史变迁入手，系统分析了美国版权战略如何根据本国版权业发展的水平和需要而不断加以调整，并初步确定了美国版权战略对其版权业发展的作用机制。通过对美国版权战略与版权业发展的互动关系的研究，指出了美国版权战略促进本土文化发展和版权产业保护的基本宗旨，认为其灵活的战略运作机制值得各国在实施知识产权战略的过程中加以借鉴"。②

关于区域版权战略管理经验介绍方面，有文章以纽约为例分析了美国区域版权战略管理的重要意义。文章指出，在美国政府全面实施版权

① 韩洁、谭予涵、谭霞、王芳、王敏：《美国版权战略对我国文化产业发展的启示》，《重庆工商大学学报》2009 年第 1 期。

② 包海波：《试析美国版权战略与版权业发展的互动》，《科技与经济》2004 年第 6 期。

战略背景下，“作为美国最具活力的国际性大都市之一，纽约市在大力保护知识产权，营造鼓励创新文化的同时，十分重视借重创意产业打造城市竞争力，集聚了大量创意型人才，走在了后工业化时代全球创意经济的前沿。从街头创意，到布鲁克林的音乐创作广场，到切尔西的画廊，到百老汇的剧院，再到麦迪逊大街的广告业，创意产业不仅提供了产品或服务，更重要的是还向消费者提供了一种人文消费体验。创意产业已成为纽约市不可替代的竞争优势，极大地促进了纽约经济文化的发展”。①

关于企业版权战略管理经验介绍方面，学者主要选取了沃尔特·迪斯尼集团（Walt Disney Co.）等作为研究对象。有文章以历史回顾的方式总结了迪士尼总资产从3200美元到436亿美元的飞跃奇迹，指出版权经营促成了迪斯尼的跨越式发展。文章认为丰硕、系统的版权创新是迪斯尼迅速崛起的根本动力，频繁、严格的版权保护是迪斯尼持续发展的重要保障，而对我国传媒业发展的启示就在于要加快版权创新、加强版权保护②。也有文章基于迪斯尼2002年所遭遇的版权危机展开分析，指出版权危机后的迪斯尼更加重视版权创新和版权经营③。此外，也有文章针对经典作品“米老鼠”系列产品的演绎战略加以分析，比较具体地介绍了迪斯尼公司的版权运营策略④。

## 2.2 关于出版企业版权战略管理问题的研究

关于出版企业版权战略管理的研究，有几部著作和一些论文探讨了出版企业版权管理的一般理论问题，大部分研究成果集中关注了出版企业的版权保护和版权经营问题。

---

① 张介岭：《纽约实施版权战略集聚创意人才》，《经济日报》2008年1月9日。

② 张凤杰：《奇迹：从3200美元到436亿美元——版权经营促成的迪斯尼跨越式发展及启示》，《传媒》2007年第9期。

③ 陈静静：《版权经营如何撑起一个媒介集团——从迪斯尼版权危机谈起》，《新闻界》2004年第5期。

④ 徐伟：《“米老鼠”作品的演绎战略及对我国版权产业的启示》，《中国出版》2006年第2期。

### 2.2.1 关于出版企业版权管理问题的一般理论探讨

出版活动始终伴随着版权管理问题，有几部专著较为系统地探讨了出版过程中版权问题的具体处理方式。如中国版协科技出版工作委员会版权研究与工作小组成员史梦熊等著的《出版产业与著作权法》（科学出版社 2000 年出版），依据当时的著作权法对我国出版社的版权管理问题展开了分析。而对我国出版业版权管理活动产生重大影响的著作，当属两位英国出版工作者福斯特和欧文所著的《国际出版与版权知识》（外文出版社 1992 年出版），该书较为系统地向中国出版人介绍了国际出版的一般原则和国际出版领域中应注意的版权问题，为中国出版业掌握世界出版版权规则提供了重要指导。此外，台湾学者吕荣海、陈家骏合著的《作者、出版者如何保护自己的权益》[①]（中国华侨出版公司 1989 年出版）则从更为微观的具体出版环节出发，探讨了作者和出版者在出版活动中如何利用版权保护制度维护自己合法权益的问题。

此外，有些论文也对出版企业版权管理进行了较为宏观的理论思考。在研究版权政策与出版企业的关系时，有些文章从整个产业角度出发论述加强版权管理的重要作用。如《出版发行研究》记者专访国家版权局副局长阎晓宏，探讨了健全版权管理规范推动版权相关产业发展问题[②]。《出版业版权政策研究》这篇硕士论文则借用公共管理理论，分析了我国出版企业版权政策存在的诸多问题，指明了版权管理上升到国家战略高度的必要性[③]。《版权管理现状与出版业的对策》一文则分析了我国出版业的版权管理困境，指出版权行政部门加强版权监管作为、出版企业加强版权保护以及出版行业加强自律是改变困境的有效对策[④]。也有文章对数字环境下出版业版权管理问题加以宏观关照，如

① 原书名为《从出版现场了解著作权、出版权》，台北：尉理出版社，1987 年。

② 李桥、刘建涛：《建立健全版权管理规范积极推动版权相关产业发展：访国家版权局副局长阎晓宏》，《出版发行研究》2005 年第 9 期。

③ 高瑞霞：《出版业版权政策研究》，北京印刷学院硕士论文，2008 年。

④ 陈玉龙：《版权管理现状与出版业的对策》，《中国出版》2007 年第 6 期。

《互联网出版商业模式的版权管理问题及其解决方案》[①]《论版权产业发展与现代版权管理技术的开发应用》[②] 等文。

还有一些文章关注了出版社的具体版权管理工作。如《加强出版社版权管理工作的思考》一文阐述了出版社版权管理工作的基本内容和主要目标，分析了出版社版权管理工作的现状及存在的主要问题，提出了改善出版社版权管理工作的基本思路和对策[③]。《论出版社版权管理》一文则在理论上探讨了版权管理在出版工作中的重要地位和作用，提出改变出版社版权管理问题的思路应从改变版权意识、培育版权队伍、完善版权制度等方面着手[④]。

### 2.2.2 关于出版企业版权保护问题的研究

关于出版企业版权保护问题的研究成果，主要回顾了出版企业版权保护的历史与现状，探讨了一些典型出版企业版权保护个案，同时有些文章结合数字出版实践思考了出版企业的数字版权保护问题。

（1）关于出版企业版权保护历史的回顾

有些文章整体关照了出版企业版权保护活动，如谭晓萍撰文以理论分析和文献回顾的方式分析了版权保护与出版社发展之间的关系[⑤]，老出版家宋木文先生则撰文回顾了国家新闻出版版权管理机构的变革[⑥]。此外，有学者撰文关注了中国古代出版活动中的版权保护问题。如冯念华[⑦]以古人“窃书不算偷”为例对我国古代书籍的版权保护问题进行探讨，提出以郑成思和 William Alford 为代表的中外版权法学者的最大分歧在于是否承认我国古代存在现代意义上的版权保护活动，认为这是他们在同一版权概念语境下的视角差异。同时认为，我国自宋代就已出现

---

① 欧阳峰、赵红丹：《互联网出版商业模式的版权管理问题及其解决方案》，《太平洋学报》2007 年第 10 期。

② 马海群：《论版权产业发展与现代版权管理技术的开发应用》，《出版发行研究》2002 年第 8 期。

③ 胡伟、陈玲：《加强出版社版权管理工作的思考》，《出版科学》2003 年第 4 期。

④ 胡伟、陈玲：《论出版社版权管理》，《出版发行研究》2003 年第 11 期。

⑤ 谭晓萍：《论版权保护与出版社的发展》，《中国出版》2007 年第 6 期。

⑥ 参见《中国出版》2005 年第 10 期和第 11 期两篇文章。

⑦ 冯念华：《窃书不算偷算什么：论我国古代书籍的版权保护》，《图书情报工作》2007 年第 11 期。

版权保护活动的主张是正确的。但是，如果高估那些零散的、区域性的版权保护活动在我国整个古代版权保护史上具有普遍性意义的做法却值得商榷。在具体研究方面，田建平以历史分析的方法对宋代出版活动中的版权保护进行了系统探究[①]；冯念华在《大学图书馆学报》上撰文分析了元明清时期我国书籍版权保护问题[②]；吴有定在《编辑之友》上向我们详细介绍了20世纪30年代开明书店与世界书局之间版权纠纷的前因后果[③]；叶新则回顾了1911年美国经恩公司（Ginn & Co.）控告商务印书馆翻印其图书的案件，详细介绍了商务印书馆与上海书业商会在这起中外版权纠纷中据理力争并最终获胜的历史事件[④]。此外，宋贻珍结合一些图书版权纠纷案例在《出版史料》上撰文分析了我国新时期书报刊的版权保护政策问题[⑤]。

（2）关于出版企业版权保护个案的介绍

对版权纠纷案例的介绍，是了解出版企业版权管理规则的重要途径。有些专业媒体对一些著名版权纠纷案例进行了总结，如《改革开放30年版权保护案例》[⑥] 回顾了改革开放30年来发生的版权保护著名案例，《近年来版权纠纷18例》[⑦] 一文关注了近年来发生的较有影响的版权纠纷。还有学者关注了海外出版业的版权纠纷案例，如有文章译介美国司法案卷，介绍了美国哈伯出版公司诉《国家产业》杂志关于《福特回忆录》纠纷案，权威解读了美国版权法对于出版实践中的版权合理使用原则的运用[⑧]；《台湾出版界版权纠纷不断》一文对发生在台湾岛内的版权纠纷加以分析，指出台湾的出版界越来越重视各种法律程序[⑨]。在具体作品版权纠纷方面，有文章专门介绍了《梁漱溟随想录》

---

① 田建平：《论宋代图书出版的版权保护》，《河北大学学报（哲学社会科学版）》2010年第2期。

② 冯念华：《元明清时期我国书籍的版权保护》，《大学图书馆学报》2007年第6期。

③ 吴有定：《20世纪30年代开明书店与世界书局的一次版权纠纷》，《编辑之友》2004年第1期。

④ 叶新：《90年前的一场中外版权纠纷》，《出版史料》2002年第2期。

⑤ 宋贻珍：《中国新时期书报刊的版权保护政策》，《韶关学院学报》2007年第2期。

⑥ 《改革开放30年版权保护案例》，《中国外资》2009年第1期。

⑦ 《近年来版权纠纷18例》，《青年记者》2009年第3期。

⑧ 孙新强：《美国联邦最高法院对 Harper & Row 出版股份公司等诉 Nation 企业等侵犯版权案的判决》，王剑锋译，《译林撷英》2005年第4期。

⑨ 丁志玲：《台湾出版界版权纠纷不断》，《出版参考》2004年第24期。

版权纠纷案件，探讨了编辑的加工著作权与原作者著作权的关系[①]；《中国海蟹类》一书的版权纠纷分析了合作作品的版权归属[②]；《希拉里回忆录》版权纠纷事件则分析了版权引进作品修改权的问题[③]。此外，也有学者分析了销售库存图书过程中存在的版权问题[④]。

（3）关于数字环境下出版企业版权保护问题的思考

随着网络媒体的兴起，数字出版活动得到快速发展，随之而来的数字出版版权问题也受到学者的重视。有学者对数字出版版权保护问题进行了理论思考，指出数字出版的发展难在版权保护问题的解决，我国的数字出版亟须建立技术、法律和高科技的监控平台[⑤]。有一些文章关注了网络出版存在的问题并提出了解决建议，如《互联网出版存在的版权保护问题及其对策》[⑥]一文分析了网络出版活动中侵犯版权的类型并提出了相应对策；凤凰出版传媒集团出版部陈济众基于整个网络出版流程的角度，从内容创作者、内容提供商、销售商、消费者和技术供应商五个层面撰文分析了网络出版企业的版权保护对策[⑦]；何治安结合目前我国数字出版界存在的图书版权纠纷，明确“图书数字化也要经过出版者许可”的法律观点[⑧]。此外，由于数字出版的蓬勃发展，数字出版物的形式日益多样，由此引发了学者对不同类型电子出版物版权审查侧重点与方法的关注与探究[⑨]。

### 2.2.3 关于出版企业版权经营问题的思考

出版企业版权经营问题的研究除了一般理论探讨外，主要集中在两

---

① 张广良：《〈梁漱溟随想录〉引起的版权纠纷》，《法律适用》1996 年第 3 期。

② 刘志伟：《合作作品的作者都应尊重合作人的版权：〈中国海蟹类〉版权纠纷案例》，《中国工商管理研究》1995 年第 4 期。

③ 盛利中：《谈谈希拉里回忆录中文版权纠纷》，《新东方》2004 年第 4 期。

④ 刘志伟：《一起因销售库存图书引起的版权纠纷》，《科技与出版》1994 年第 5 期。

⑤ 刘燕、厉春雷、钱永红：《浅谈数字出版中的版权保护》，《编辑之友》2007 年第 4 期。

⑥ 张惠：《互联网出版存在的版权保护问题及对策》，《湘潭大学学报（哲学社会科学版）》2007 年第 3 期。

⑦ 陈济众：《网络出版的版权保护及防范对策》，《信息网络安全》2006 年第 3 期。

⑧ 何治安：《小议数字化时代图书版权纠纷——图书数字化也要经过出版者的许可》，《中国出版》2009 年第 1 期。

⑨ 王晓玲、郭彦青、吕志军：《电子出版物版权审查的侧重点与方法》，《中国编辑》2007 年第 6 期。

方面：一是对出版企业开展国际版权贸易问题的研究，二是关于出版企业对版权作品进行附属权利开发的研究。

（1）出版企业版权经营的一般理论探讨

关于这方面的研究，首先，有学者探讨了版权经营理念问题。如中国版权保护中心常青指出，版权本质上既是一种民事权利，又是文化产业的重要资源，需要开发和交易；然而我国的版权经营存在专门人才匮乏、经营渠道不够畅通、国内立法有待完善和对外交流不畅等诸多问题，而树立版权经营理念、掌握版权经营知识、确立版权经营战略、开展版权经营活动和健全域外版权保护机制是版权经营走出困局的必要措施①。

其次，版权运营必然涉及版权的价值评估问题，有一些学者借用经济学的理论和模式，分析了版权价值评估的规则与影响因素。如《试论影响版权价值评估的若干经济学因素》一文指出“一部作品版权价值的多少很大程度上依赖于该版权作品原创性的高低，在市场准则下版权价值的确定要考虑成本、市场需求与竞争状况等因素，此外，行政司法部门的干预在特殊情况（如强制许可）下也成为版权价值评价的影响因素。由此而得出版权价值评估的合理原则，一是市场准则之外的‘效益准则’和‘道德准则’，二是额外考虑的评估因素（如版权作品的原创性高低以及作品所有人是否有生产版权作品的动机）”②。《版权价值评估与市场交易规则》则分析了版权价值评估的具体方法——成本法估价、收益法估价和市场法估价，同时分析了版权交易的市场规则，指出版权交易如果不符合市场规则将会出现“市场堵塞”，从而阻碍版权经营活动的成行③。

此外，黎雪分别在《中国新闻出版报》④ 和《出版发行研究》⑤ 杂志上撰文探讨了版权经营人才成长问题。文章分析了中国版权经营人的定位，指出了版权经营人的职业化方向应是通过版权交易的形式以最低

① 常青：《论版权经营理念》，《编辑之友》2006 年第 2 期。

② 郑友德、田志龙：《试论影响版权价值评估的若干经济学因素》，《华中理工大学学报（社会科学版）》1995 年第 4 期。

③ 孙学良：《版权价值评估与市场交易规则》，《大学出版》2001 年第 2 期。

④ 黎雪：《中国版权经营人的职业化道路》，2002 年 10 月 25 日《中国新闻出版报》。

⑤ 黎雪：《漫谈“中国版权经营人”的职业化道路》，《出版发行研究》2003 年第 5 期。

成本获取最大效益，而要实现这个职业化目标，中国版权经营人要在知识体系和能力结构等方面不断实现自我提升。落实到具体实践，作者认为中国版权经营人要增强职业敏感，要有书卷气，要强化版权意识和经济意识，并且要勤于总结版权经营的工作经验。

（2）出版企业国际版权贸易研究

①对出版企业版权贸易的系统研究

随着全球文化贸易的蓬勃发展，关于国际版权贸易的研究引起重视，有一些学者系统地探讨了图书版权贸易问题。表 2－1 所列举的著作可以说是目前国内较为全面介绍版权贸易的研究成果。

**表 2－1　一些较为全面介绍版权贸易的专著**

| 作　者 | 书　名 | 出版社 | 出版时间 |
|---|---|---|---|
| 郑成思 | 版权公约、版权保护与版权贸易 | 中国人民大学出版社 | 1992 |
| 辛广伟 | 华文出版与版权贸易 | 河北人民出版社 | 2001 |
| 徐建华 | 版权贸易新论 | 苏州大学出版社 | 2005 |
| 李建伟等 | 版权贸易基础 | 河南大学出版社 | 2006 |
| 蒋茂凝 | 国际版权贸易法律制度的理论建构 | 湖南人民出版社 | 2005 |
| 〔德〕彼得拉·克里斯蒂娜·哈特 | 版权贸易实务指南 | 上海人民出版社 | 2009 |
| 来小鹏 | 版权交易制度研究 | 中国政法大学出版社 | 2009 |
| 〔英〕莱内特·欧文 | 中国版权经理人实务指南 | 法律出版社 | 2004 |

此外，有学者在一些权威期刊上撰文，对开展国际版权贸易的重要作用进行了探讨。

在版权贸易的文化功能层面，国际版权贸易引发学者对于文化安全问题的思考。冉季军撰文指出促进版权贸易有利于保护文化主权①；彭文波分析了版权贸易与国家安全的关系并提出相应的对策②；刘伟见也从版权贸易中文化交流的角度思考了我国版权贸易战略问题③；郭奇则在分析了版权贸易的经济功能和文化功能的双重属性的基础上，提出了

① 冉季军：《促进版权贸易，保护文化主权》，《出版广角》2009 年第 5 期。

② 彭文波：《对国际版权贸易的文化安全思考》，《出版科学》2006 年第 5 期。

③ 刘伟见：《版权贸易视域下的文化思考》，《中国编辑》2009 年第 2 期。

全球化时代版权贸易必须以文化传播为根本使命的主张[①]。

在版权贸易的经济功能层面，有文章分析了版权贸易对出版社成长的贡献问题，指出版权贸易促进了出版社理念创新，使出版结构不断优化、质量不断提高，并促进了出版社的品牌建设从而提高了出版社市场开拓能力[②]。

还有学者从国际版权贸易的具体流程出发，研究了版权贸易实践问题。如彭心倩分析了版权贸易合同的相关问题[③]；张洪波结合国际书展探讨了版权谈判技巧问题[④]；张凌凌分析了国际版权贸易合同签订后的履约责任问题[⑤]；邹建华则指出版权贸易过程中国际版权贸易信息平台构建的重要性[⑥]。

②关于版权贸易发展现状与对策的研究

关于版权贸易研究的论文大部分选题集中在发展现状与对策研究方面。其中有多篇硕士论文以全国版权贸易现状与对策为题展开了论述，表2－2列举了一些较有影响的研究成果。也有一些文章探讨了区域版权贸易发展现状及对策问题，相关论文见表2－3。

**表2－2 以“我国版权贸易现状与对策”为主题研究的部分硕士论文**

| 论文作者 | 论 文 题 目 | 来源学校 | 毕业年份 |
| --- | --- | --- | --- |
| 李寿春 | 版权贸易：出版业新的经济增长点——我国图书版权贸易状况问题与对策 | 苏州大学 | 2004 |
| 吴亚雯 | 理念与规范成就未来——我国图书版权贸易透视与分析 | 苏州大学 | 2006 |
| 吴亮芳 | 透析中国对外图书版权贸易逆差现象 | 湖南师范大学 | 2007 |
| 姜芳 | 中国图书对外版权贸易现状及对策研究 | 南京师范大学 | 2008 |
| 夏卡莉 | 中国图书版权贸易分析研究 | 武汉大学 | 2004 |
| 赵洁 | 中国版权贸易逆差成因及治理 | 湖南大学 | 2007 |
| 王伟娟 | 中国版权贸易发展环境与对策思考 | 中国海洋大学 | 2009 |

① 郭奇：《全球化时代版权贸易的文化传播使命》，《中国出版》2009年第3期。
② 邹静静：《版权贸易对出版社成长贡献研究》，北京印刷学院硕士论文，2008年。
③ 彭心倩：《版权贸易合同研究》，湖南大学硕士学位论文，2005年。
④ 张洪波：《版权贸易谈判实战技巧》，《出版广角》2008年第8期。
⑤ 张凌凌：《国际版权贸易中的履约责任探析》，《中国出版》2009年第Z2期。
⑥ 邹建华：《国际版权贸易信息平台的构建》，《出版发行研究》2005年第9期。

续表

| 论文作者 | 论　文　题　目 | 来源学校 | 毕业年份 |
| --- | --- | --- | --- |
| 王卓 | 我国图书版权贸易面临的主要问题及解决办法探究 | 东北师范大学 | 2005 |
| 李新新 | 我国图书版权贸易发展的对策研究 | 北京印刷学院 | 2007 |
| 李小杰 | 我国对外版权贸易中存在的问题与对策分析 | 黑龙江大学 | 2005 |
| 秦洪晶 | 我国版权贸易现状与发展对策研究——以图书版权贸易为例 | 青岛大学 | 2008 |
| 谢戈 | 问题与对策——我国图书版权贸易研究 | 武汉理工大学 | 2008 |

**表 2－3　部分以“区域版权贸易发展现状及对策”为主题的研究论文**

| 论文作者 | 论　文　名　称 | 论文来源 | 发表时间 |
| --- | --- | --- | --- |
| 唐黎 | 试论建立符合江苏省图书版权贸易发展特点的运行机制 | 南京师范大学硕士学位论文 | 2003 |
| 张美娟、田薇 | 1998－2005 年湖北省图书版权贸易调查与分析 | 出版科学 | 2007（3） |
| 王锦贵、陈雪飞 | 北京地区版权贸易现状和发展探讨 | 出版科学 | 2008（1） |
| 黄健 | 广西图书版权贸易发展现状与“走出去”的若干思考 | 出版广角 | 2007（6） |
| 白贵、张薇 | 河北省图书版权贸易研究 | 河北大学学报 | 2006（4） |

此外，在出版企业采取发展版权贸易具体对策方面，有学者从出版集团发展的角度出发展开了研究，如齐峰等撰文分析了出版集团的版权贸易发展取向问题[①]，林海威等对出版集团如何做好版权贸易具体工作提出了参考意见[②]；也有学者从具体出版社发展角度出发提出应建立版权贸易发展体系[③]；还有学者就不同类型出版社和图书的发展现状与对策问题展开了思考，贾芳芳较为系统地分析了少儿出版领域的版权贸易

① 齐峰、王琦：《试析出版集团版权贸易的发展取向》，《出版发行研究》2007 年第 4 期。

② 林海威、张岩峰：《出版集团该如何做好版权贸易工作》，《编辑之友》2005 年第 6 期。

③ 潘文年、张歌燕：《论出版社怎样构建版权贸易竞争力体系》，《出版发行研究》2003 年第 2 期。

发展问题[①]，曹晋等撰文基于全球化语境分析了科技图书的版权贸易发展对策[②]，孙英姿以大学出版社为对象分析了版权贸易发展的特殊性[③]。这些论文对我国版权贸易发展的现状进行了总体概括，并针对一些突出问题提出了颇具参考价值的对策。

③中外版权贸易比较研究

在中外版权贸易比较研究方面，较有影响力的专著有张美娟的《中外版权贸易比较研究》（北京图书馆出版社，2005），杨桂山等编著的《海外版权贸易指南》（中国水利水电出版社，2005），Susan Daniels 等编著的《西方版权沿革与贸易》（河南人民出版社，2004）。此外，吴赟[④]、董梁[⑤]、黄璇[⑥]的研究论文也对版权贸易进行了较为全面的中外比较研究。

在介绍国外具体版权贸易经验时，学者较多地选取了美国出版业作为研究对象。其中由张勤[⑦]和苏振华[⑧]分别完成的两篇硕士学位论文较为全面地分析了美国版权贸易的特征，总结了对我国发展版权贸易的启示。此外，中国版权保护中心王加胜等撰文解释了中美图书版权贸易平衡性问题，指出“中国与美国对双边图书版权贸易状态的认知方面存在较大分歧，即中国统计数据分析的结果显示中国在双边贸易中处于逆差状态，而美国统计数据分析的结果也显示美国在双边贸易中处于逆差状态。提出了中美图书版权贸易平衡性‘悖论’的适用性解释：加工贸易在中美图书版权贸易中的表现形式；转口贸易对中美图书版权贸易的适用性；统计方法对中美图书版权贸易平衡性的影响等。[⑨]”徐徐等以数据统计分析的方式描述了中美图书版权贸易的现状和问题，并提出了

---

① 贾芳芳：《少儿出版的版权贸易问题》，南京师范大学硕士学位论文，2006 年。

② 曹晋、韩绍伟：《全球化语境中的科技图书版权贸易分析》，《中国出版》2008 年第 6 期。

③ 孙英姿：《浅析大学出版社在版权贸易中的问题与对策》，《科技与出版》2008 年第 12 期。

④ 吴赟：《欧美国家对外版权贸易的特点》，《中国出版》2005 年第 8 期。

⑤ 董梁：《中外版权贸易比较分析》，郑州大学硕士学位论文，2005 年。

⑥ 黄璇：《西方图书版权贸易特点及对我国的启示》，《出版参考》2004 年第 19 期。

⑦ 张勤：《版权产业与版权贸易的发展——从美国经验看中国》，对外经济贸易大学硕士学位论文，2003 年。

⑧ 苏振华：《中美版权贸易比较研究》，湖南师范大学硕士学位论文，2008 年。

⑨ 王加胜、金铁鹰、王行鹏：《中美图书版权贸易平衡性辨析》，《山东社会科学》2010 年第 4 期。

相应的解决对策[①]。中华书局的申作宏则在2002年就比较了美国国际书展的繁荣和北京国际书展的相对冷清，指出我国应在巩固亚洲市场的同时，积极开拓欧美版权贸易市场[②]。

此外，还有一些文章介绍了其他国家的版权贸易经验。肖蕾撰文从引进与输出图书品种结构、版权贸易伙伴构成、版权贸易方式和版权贸易部门职能四个方面对中日图书版权贸易进行了比较分析，指出我国应该借鉴日本的一些版权管理方式[③]。李艳撰文介绍了澳大利亚版权产业快速增长的状况，指出总体上澳大利亚出版商有13%的收益来源于在海外市场的销售，而儿童读物是澳大利亚出版商最具竞争力的出口图书之一[④]。张养志则对中俄图书版权贸易进行了分析，指出“俄罗斯政治、经济、文化在转型过程中，图书版权贸易意义重大，但中俄两国间的图书版权贸易与中苏时期相比较，规模明显缩小，并存在一系列制约发展的问题及不合理因素。随着近年来我国新闻出版体制改革深入，中俄版权贸易存在着改进发展的空间。发展对俄版权贸易应该从服务、内容、文化和创意等多种视角和多个维度来理解现代版权产业的内涵及其发展前景，尤其要关注新时期图书版权贸易发展的经济规律，重视分析版权的产业逻辑”。[⑤]

④版权贸易个案研究

近年来关于版权贸易的个案研究与介绍成果较多。其中，既有就某部版权引进图书成功经验的分析，也有就某出版社版权贸易成功之路的回顾与版权贸易实践经验的总结。

在介绍出版社版权贸易的成功经验方面，罗琦撰文分析了北京出版社出版集团近年来版权贸易的状况，回顾了北京出版社出版集团版权贸易的发展阶段，介绍该集团版权引进和版权输出的具体情况与特征[⑥]。李锋等撰文分析了世界图书出版公司版权贸易业务迅猛发展的原因，指

① 徐徐、朱允卫：《中美图书版权贸易现状与发展对策》，《中国出版》2009年第7期。

② 申作宏：《从美国国际书展到北京国际书展看版权贸易》，《中国出版》2002年第7期。

③ 肖蕾：《中日图书版权贸易比较》，《出版参考》2007年第9期。

④ 李艳：《澳大利亚的图书版权贸易》，《出版经济》2004年第9期。

⑤ 张养志：《中俄图书版权贸易现状与趋势分析》，《俄罗斯研究》2010年第1期。

⑥ 罗琪：《这边风景独好——北京出版社出版集团近年来版权贸易情况回眸》，《中国出版》2004年第10期。

出“强势购权推动公司发展，国际组稿等国际运作手段提升了公司核心竞争力”[①]。张福堂[②]等撰文分析了河北教育出版社的状况，指出该出版社在版权贸易领域的崛起在于其采取的强强合作经营模式、立足本社的品牌建设、不断创新的版权贸易方式和对传承优秀文明的坚持。曾学民则撰文指出陕西师范大学出版社利用国内外出版资源塑造市场品牌，立足国内外两个市场打造国际化选题，形成了独具自身特色的中国本土文化系列、国外优秀社科系列以及中外结合的社科文化专业系列等丛书，在激烈的竞争中站稳了脚跟，找到了适合自身发展的生存之道；进而抓住“读图”已经成为一种国际阅读潮流的契机，以图文并茂的方式、实用与唯美并重的风格全新演绎“图解”系列丛书，并且打造为出版社的拳头项目在国际版权市场中博弈[③]。夏丽英撰文回顾了生活·读书·新知三联书店版权贸易的历程，介绍了其引进的一些经典作品，并总结生活·读书·新知三联书店在开展版权贸易时的具体经验[④]。柳青松等则撰文指出辽宁教育出版社在版权贸易领域的成功取决于其对国外出版业先进理念的引进，而对这种理念的消化成为辽宁教育出版社成功的关键所在[⑤]。

在介绍具体作品的版权贸易经验方面，对《魔戒》和《哈利·波特》系列作品的版权引进经验介绍较有影响，而在版权输出作品方面的经验介绍则当属对《狼图腾》版权输出得失的分析。袁楠[⑥]等指出《魔戒》的成功在于南京译林出版社版权贸易工作人员长期积累的经验以及其独到的眼光使得早早就关注这部作品。同时，该社强烈的出版文化责任与使命最终促成了版权贸易的完成，而其后期对《魔戒》在内容上

---

① 李峰、郭晓东：《从强势购权到国际组稿——版权贸易与“世图”的发展》，《出版发行研究》2002 年第 5 期。

② 张福堂、周海霞：《新亮点闪出版贸新星——记河北省教育出版社图书版贸情况》，《出版广角》2003 年第 5 期。

③ 曾学民：《走适合自己的特色之路——陕西师范大学出版社版权贸易透视》，《出版发行研究》2008 年第 3 期。

④ 夏丽英：《精品与创新——生活·读书·新知三联书店的版权贸易》，《出版广角》2003 年第 5 期。

⑤ 柳青松、王文斌：《理念的引进与引进的理念——辽宁教育出版社版权贸易综述》，《出版广角》2001 年第 1 期。

⑥ 袁楠、竺祖慈：《眼光与责任——《魔戒》版权贸易个案“揭秘”》，《出版广角》2003 年第 5 期。

的认真制作和在营销手段的强力借势，共同构筑了这例国内版权贸易的经典个案。聂镇宁先生借用“生命工程”的概念对《哈利·波特》中文版的诞生与推广作了权威解读，指出引进这部作品的动机来自出版社经营理念的转型，而这部作品的版权谈判充满了耐心与实力的较量，成功获取版权之后出版社更是对作品进行了整体性制作和全面的营销开发[①]。著名出版策划人安波舜则向我们介绍了《狼图腾》的版权输出过程，指出作品本身蕴涵的人类化的主题、宣传文案的可读性和西方媒体的有效利用是《狼图腾》创造版权输出奇迹的重要原因[②]。

（3）图书版权附属权利开发研究

对于图书版权附属权利开发问题，有两部专著进行了较为系统的研究。国内学者冯洁的《图书出版附属权贸易的理论和实践》（黑龙江人民出版社，2007）建构起了图书附属权研究的理论框架体系。该书针对我国图书附属权经营现状创造性地提出我国开展附属权贸易的理论体系：一是关于图书出版附属权的“权限”评判；二是关于图书出版附属权的整体形态评析；三是图书出版附属权管理体系的研究；四是关于图书出版附属权贸易的研究[③]。这部著作将版权贸易中版权法律保护与附属权市场经营有机结合起来，针对附属权贸易的现实问题开展了较为系统性的思考。美国学者托马斯·沃尔（Thomas Woll）所著的《销售附属版权行家指南》（杨桂山译，中国人民大学出版社，2006）则更多地以美国出版业为对象关注了附属版权贸易的实践问题。“该书详尽介绍了包括图书连载权、大众市场版权、俱乐部版权、海外版权、有声读物版权等在内的美国图书附属版权的销售状况和方法，展现了美国图书版权业的现状及其运作方式，对正在尝试进行产业化运作的我国图书出版业尤有借鉴意义。[④]”

此外，有几篇学位论文也较为详尽地探讨了图书版权附属权经营问

---

① 聂镇宁：《一部超级畅销书的“生命工程”——〈哈利·波特〉的整体开发与营销》，《编辑之友》2002年第5期。

② 安波舜：《当我独自面对世界——〈狼图腾〉版权输出过程》，《出版参考》2006年第25期。

③ 汤喜燕：《廓清与建构并举——评〈图书出版附属版权贸易理论和实践〉》，《中国传媒报告》2009年第1期。

④ 参见该书勒口推介语“内容简介”。

题，相关信息参见表2－4。

**表2－4 以“图书附属版权经营”为主题的部分硕士学位论文**

| 作者 | 论文名称 | 来源学校 | 所属专业 | 发表年份 |
|---|---|---|---|---|
| 陶莉 | 版权资源的开发与利用研究 | 武汉大学 | 出版发行学 | 2004 |
| 陈懿 | 发展我国从属版权贸易研究 | 华中科技大学 | 经济法学 | 2005 |
| 王翎子 | 论中国出版业在国际版权贸易中的附属版权经营 | 重庆大学 | 新闻学 | 2008 |
| 汤伟武 | 试论图书附属版权的多元化经营——以《哈利·波特》系列图书的多元化经营为例进行剖析 | 湖南师范大学 | 传播学 | 2007 |

也有一些学者，在出版类权威专业期刊上撰文关注图书附属版权经营问题。如魏龙泉较早地在《中国出版》上发表文章向中国出版人介绍美国附属版权贸易的情况①，叶新则在《出版发行研究》上发出中国出版业要重视图书附属版权贸易的呼声②，苏振华等在《编辑之友》指出附属版权经营所存在的巨大价值在我国被严重忽视③，李红祥等在《出版广角》上撰文分析了我国附属版权经营存在的问题并从法制建设、人才建设、代理机构建设和本土版权资源开发等角度提出了应对建议④。

## 2.3 出版企业版权战略管理研究相关文献总体评述

纵览目前接触到的相关文献后我们可以发现，学者关注了出版企业版权战略管理相关问题的宏观背景，对一些微观层面的版权管理问题也进行了探讨。但是，总体而言对出版企业版权战略管理的系统化研究未

① 魏龙泉：《美国的“附属版权”贸易》，《中国出版》1997年第10期。

② 叶新：《要关注附属版权贸易》，《出版发行研究》2000年第10期。

③ 苏振华、汤伟武：《附属版权经营——一座被忽视的富矿》，《编辑之友》2006年第5期。

④ 李红祥、汤伟武：《我国附属版权经营的瓶颈及其对策》，《出版广角》2008年第4期。

能引起充分重视，尤其未能重视出版企业版权业务的战略化管理问题。

就我国而言，出版企业版权战略管理的系统化研究遭到忽视有其深受计划经济模式困扰等历史原因，但这种历史原因更突出了研究这个课题的紧迫性，要求我们更加重视出版企业版权战略管理相关问题的研究。然而，纵览目前国内较有影响的研究成果，虽然以知识产权为核心的企业发展战略问题得到重视，但关于出版企业版权业务的战略化管理问题研究甚少。相关研究专著内容多偏于企业的专利和商标相关战略管理研究，而对出版企业版权管理进行系统研究的专著尚未发现。相关论文的研究，大多关注了版权战略管理体系中国家、区域、产业等宏观层面的政策制定与实施分析，缺少了微观层面出版企业版权业务管理的研究。在版权战略管理体系中，企业版权管理处于最微观的层次。我国目前的研究现实说明，我国学者忽视了版权战略管理研究体系的整体性，未能对我国出版企业版权战略管理的具体运作提供一定的理论指导。

因此，本研究认为目前我国关于出版企业版权战略管理研究仍处于探索阶段，尚存在许多不足。其一，系统介绍国外出版企业版权战略管理经验的文献相对较少，缺乏对一些著名出版集团版权管理策略的整体观照，难以对国内出版企业的版权战略管理产生深层次的启示。其二，有一些文献提出出版企业应该加强版权业务的战略化管理，也概括性地提出一些建议，但对出版企业如何开展版权业务的战略化管理缺乏详细研究。而此处所列当前研究的不足之处，也正是本论文将要重点研究的问题所在。

# 3　出版企业版权战略管理经验的国际参照

本书关于“论题缘起”部分的介绍，表明我国出版企业缺乏版权业务的战略化管理意识，我们在国内很难找到比较成熟的版权业务管理模式。在分析出版企业版权管理相关研究文献后，我们还会发现理论界关于出版企业版权战略管理的研究也相对较弱，仅仅有一些学者分析了我国出版企业版权管理存在的问题，提出出版企业应该加强版权业务的战略化管理，但如何去开展版权业务的战略化管理，理论上尚无法给出具体的建议和对策。基于国内出版产业界版权管理实践现状和出版学界理论研究现实，本书试图以调查分析的方式关注国外发达国家出版企业的版权管理，总结其相关经验，以期获取提升我国出版企业版权管理能力的启示。

国外出版企业较多，本文选取的分析对象系来自美国和欧洲的大型出版企业。之所以确定这个调查与分析范围，原因之一是目前欧美出版企业在世界出版市场中居于领先地位，这一不争的事实从每年法兰克福书展英美展馆的热闹程度就可看出，因而其先进的版权市场运作经验值得学习和借鉴；原因之二是本书对于国外出版企业版权战略管理情况的梳理，主要方式是通过访问相关企业网站、查询国外行业报纸以及专业期刊等收集信息并予以分析。由于个人语言能力所限，无法访问日本、韩国等国出版企业的网站和阅读日语、韩语等小语种发表的文章，因而客观上无法获得这些国家的一手文献，这也是促成把国外调查研究范围限定在欧美出版市场的客观原因。

## 3.1　美国出版企业的版权战略管理

我们今天对美国出版业的熟悉，大多来自中美版权贸易领域的交流。在中外版权贸易的历史上，美国长期占据着版权引进种类的第一位。今天的中国出版社，如果要引进教育类图书，会想起联系美国的麦格劳·希尔，如果要引进专业学术类图书如STM，会想起联系美国的约翰·威利父子出版公司，如果要引进大众类图书，则会想起哈珀·柯林斯和兰登书屋。美国出版企业的国际知名，源自其长期以来对版权产品的市场认知，更源自其对版权产品成功的战略化运作，相关经验值得我国出版企业借鉴。

### 3.1.1 美国出版企业版权战略管理的宏观背景

了解美国出版企业的版权管理特征，首先要了解两个前提条件，即美国版权管理法规的不断完善和美国版权产业的整体发展。版权管理法规的完善构成了美国出版企业版权管理的制度基础，而版权产业的发展则构成美国出版企业版权战略管理的宏观产业背景。

（1）制度背景——版权管理制度的不断完善

美国版权管理制度的不断完善为出版企业版权战略管理的实施提供了制度保障。这种制度上的完善，我们可以从三个角度去关注：美国国内版权法的不断修订与完善适应了现代版权产业的发展需要；同时国际版权保护的相关制度推动了美国版权产业走向国际舞台；而数字版权保护制度的相对完备，则为新技术环境下版权产业的发展提供了及时支持。

①美国《版权法》的不断修订

作为世界上较早实行知识产权保护制度的国家之一，美国在1790年（即美国宪法颁布后的第三年）就颁布实施了第一部《版权法》。

美国1787年的宪法第1条第8款规定："为了促进科学与实用技术的进步，国会有权赋予作者和发明者各自对其文字作品和发明享有一定期限的专有权"。以此为依据，由美国第一任总统乔治·华盛顿于1790年5月13日签署并于1790年5月31日正式通过了美国第一个联邦版权法案。这部美国版权法的正式名称是"美国法典第17编"（Title）[①]，其内容基本上是1709年英国《安娜法令》的翻版，保护的作品仅限于

① 〔美〕约翰·冈茨、〔美〕杰克·罗切斯特著《数字时代盗版无罪?》，周小琪译，北京：法律出版社，2008，第83页。

图书、地图和图表。由于18世纪末的美国正处于开发时期，对地图的需求量很大，因此对地图的版权保护显得格外重要。当时的版权法规定的版权保护期限为14年，期满若作者仍在世可再续期14年。

随着美国经济、科技和社会的发展，美国国会分别于1835年、1870年、1909年和1976年对《版权法》进行了4次重大修订。而1976年全面修改后的版权法成为美国现行版权法的基本法律框架。经过这些修订，美国版权法保护的作品种类由原来的地图、图书和图表扩展到音乐、戏剧、美术、电影等作品；保护的权利也由复制权逐渐发展到改编权、翻译权等；保护的期限由最初的14年延长到作者终身加死后50年。美国1976年版权法自实施以来到2004年先后共经历了49次修正，使得版权保护更为全面。经过长期不断地修正，美国1976年版权法已经成为目前立法技术较高、保护范围较为完善、规定较为详尽的一部出色的版权法。这就使得美国版权保护水平大大加强，也为美国版权产业的发展提供了有力支持。

②国际版权保护制度的逐渐重视

美国在加强国内版权立法同时，也在积极推动版权保护的国际化进程，进而促进美国版权产业对国际版权市场的占领。美国国际版权保护的加强缘自其从版权产品进口国到版权产品输出国的转变，但其版权保护国际化的历程相当漫长。

18、19世纪的美国是一个版权产品进口国。在1891年的《国际版权法案》颁行以前，美国仅为极有限的几个外国的国民作品提供版权保护。这种现象造成大量盗版印制的外国小说出现在美国市场，从而使得美国成为“盗版者的天堂”。随着美国文化产业的不断发展，美国根据《国际版权法案》，从1891年开始通过双边条约保护外国作者作品的版权，自此美国出版商开始向外国作者作品支付相应版税，从而使美国作者与外国作者站在公平的起点竞争①。

20世纪20年代后，美国逐渐成为版权产品出口国。“二战”以后的美国逐渐意识到版权产品出口的重要性，而原有双边版权保护的模式已经难以适应新形势下美国进军国际版权市场的需要。但是，美国并不

① 参见〔美〕保罗·爱德华·盖勒《权的历史与未来：文化与版权的关系》，郑成思编《知识产权文丛》（第6卷），中国方正出版社，2001，第268～270页。

愿意立即提高自己的保护水平以满足《伯尔尼公约》的最低要求，因此美国倡导建立了新国际公约——《世界版权公约》（1952）。而20世纪70年代后的美国逐渐成为了世界上最大的版权产品出口国，国际版权保护对美国的经济意义不断上升。因此，美国在提高本国版权保护标准后于1988年加入了《伯尔尼公约》。然而，当美国加入《伯尔尼公约》后，发现《伯尔尼公约》仅注重相关实体的内容规范，却忽视了实施方面的程序规范，《伯尔尼公约》对版权保护的原则和标准已经不能满足美国进军国际版权市场的需求。在这种背景下，美国又采取了更为有力的国际版权保护措施：一方面美国利用1988年《综合贸易与竞争法》中的特别301条款，迫使其他国家加强对美国版权的保护；另一方面美国利用《关税和贸易总协定》乌拉圭回合谈判的机会，全力推动建立与国际贸易相关的国际版权保护体制和机制，1994年最终达成了TRIPS协议①。

现在的美国，已成为国际版权贸易大国，其完备的版权保护制度为开展国际版权贸易奠定法律基础。在内，经过修订的美国版权法对国际贸易中的版权问题作了专门规定，尤其是对进口时构成对美国版权的侵权问题规定得特别详细。如美国版权法第六章规定了对三种国际版权贸易作品的管理：未经许可翻印的作品；在国外虽然是属于合法出版或印制但在美国属于非法出版或印刷的作品；在国内外都属于合法印制或出版，但美国版权所有人和独占被许可人禁止其进口的作品。一旦发现有上述三种作品进口时，美国版权所有人或者独占被许可人都可向法院起诉，且美国海关有权对前两种作品进口时没收或销毁②。在外，美国推动的TRIPS协议使其日益强大的文化产业获得强有力的国际保护支持，而“特别301”条款的利用，则实现了美国版权产业在国际范围的特殊保护。

③数字版权保护制度的相对完备

与网络有关的数字化技术的广泛应用，极大地丰富了版权涉及的客

---

① 韩洁、谭予函、谭霞、王芳、王敏：《美国版权战略对我国文化产业发展的启示》，《重庆工商大学学报（社会科学版）》2009年第1期。

② 蒋茂凝：《国际版权贸易法律制度的理论建构》，长沙：湖南人民出版社，2005，第143页。

体的范围和种类，同时也使版权市场从板块模式向网络模式转变①。为促进数字时代美国版权产业的进一步发展，美国在1980年就颁布实施了《计算机软件保护法》。此后，美国国会又先后通过了《反电子盗版法》（1997年）和《千禧年数字版权法》（1998年 Digital Millennium Copyright Act，简称DMCA），以加强数字化知识产权保护。DMCA基本上是对《WIPO版权条约》的全盘接受，在《版权保护期延长法》通过后几天出台。这部数字版权法对美国版权法作了重要的补充和修订，为美国公众和版权产业提供了较为全面的数字化版权保护。自此，美国国内的版权保护体系渐趋完备，为包括出版产业在内的核心版权产业管理提供了法律保障。

整体来看，美国版权法把版权视为动产，版权可部分或全部转让，为版权的流转提供了制度基础。此外，美国版权法最大的特点在于其较典型地从保护版权人的利益出发，而不是从保护作者权出发。这一重视保护出版权的特点使得出版企业对版权拥有更多的主动权，从而为企业的版权运作提供了丰富权利内容。

（2）产业背景——版权产业的全面振兴

20世纪80年代以来，美国全面加强对本国企业知识产权的保护，鼓励出版企业通过创造和利用版权，形成市场竞争优势。

“版权产业”一词自1978年为瑞典所提出后，德国和奥地利等国也于1986年开始展开了对版权产业的研究。1990年以后，美国“国际知识产权联盟”（IIPA）开始系统地研究美国以及全世界版权产业的发展状况。版权产业内涵是指以版权和版权作品为核心基础的产业，其定义因其界定标准的不同而有所差异。目前，世界知识产权组织（WIPO）将版权产业分为四类：即核心版权产业、相互依存版权产业、部分版权产业和非专用支持产业。美国的“核心版权产业”主要包括书刊出版业、广播影视业、戏剧创作业、录音录像业、广告业等，其基本特征是研制、生产以及传播享有版权的作品或受到版权保护的产品。

版权产业目前已经成为美国国民经济中不可忽视的重要力量，尤其

---

① 参见〔美〕保罗·爱德华·盖勒《从板块模式向网络模式：应付国际知识产权变迁的对策》，郑成思编《知识产权文从》（第1卷），中国政法大学出版社，1999，第283～310页。

是包含图书出版产业在内的核心版权产业贡献突出。据“国际知识产权联盟”2002年的研究报告显示：从1977年到2001年，美国核心版权产业的年平均增长速度为7.090%，而同期美国国内生产总值的年平均增长速度为3.2%①。而据国际知识产权联盟2009年7月发布的最新一期《美国经济中的版权产业报告（2003—2007)》② 显示，美国版权产业对美国经济增长的贡献已经超越了美国经济中的其他领域。2009年的数据显示（见表3－1)，美国核心版权产业增加值已经从2003年的7000.5亿美元增加至2007年的8891.3亿美元，2007年年度增长率达到7.26%。核心版权产业所占GDP比重从2003年的6.39%上升到2007年的6.44%。核心版权经济增长的贡献率（核心版权产业增加值增量与GDP增量之比）从2005年的12.95%增加至2007年的22.74%，也就是说美国GDP的增量中有22.74%是由包含图书出版产业在内的核心版权产业贡献的。

**表3－1　美国核心版权产业增加值及对GDP贡献**

| 统计年度 / 统计项目 | 2003 | 2004 | 2005 | 2006 | 2007 |
|---|---|---|---|---|---|
| 增加值（亿美元） | 7000.5 | 7576.5 | 7904.8 | 8372.8 | 8891.3 |
| GDP占比（%） | 6.39 | 6.48 | 6.36 | 6.35 | 6.44 |
| 贡献率（%） | — | — | 12.95 | 13.40 | 22.74 |

可以看出，以出版产业等为核心内容的版权产业，在美国国民经济中发挥举足轻重的作用，它给美国作出了巨大贡献。这种巨大的贡献力反过来又推动了美国版权战略的实施，也进一步推动了出版企业对版权战略化运营的绝对重视。

### 3.1.2　美国出版企业版权战略管理的支持体系

由于美国版权产业对国民经济作出突出的贡献，对版权的专业管理

① 尚永：《美国的版权产业和版权贸易》，《知识产权》2002年第6期。

② Stephen E. Siwek. *Copyright Industries in the U. S. Economy*: *The* 2003－2007 *Report*, by Economists Incorporated, Prepare for the International Intellectual Property Alliance (IIPA), June 2009.

亦引发了美国出版企业的高度重视。所以现在的美国出版企业一般都设有专业的版权管理部门，并聘有资深的版权工作者。在这些职业版权经理人的关注下，美国出版企业的版权获取以及后期的版权管理工作展现出鲜明的专业化和整体化战略特征。

（1）专业的版权管理部门

具有一定规模的美国企业一般都设有法务部①。法务部负责知识产权相关管理事务，如有关知识产权的申请、登记、注册、授权保护和法律诉讼等业务，以及知识产权的信息跟踪等。美国的出版企业也设有类似部门，如麦格劳·希尔（McGraw－Hill）就设立法务部（Legal Department）处理包含版权纠纷在内的日常法律事务。除此之外，美国出版企业一般还设有版权权利许可部（Copyright & Permissions Department）等专业部门（见表3－2），主要工作就是负责版权的对外授权等业务。如兰登书屋设有版权权利许可部（Copyright & Permissions Department）负责出版集团所有出版物的版权对外授权，其相关网站列举了要获得该集团出版物版权许可的过程及其联系方式，以及应该注意的事项。约翰·威利父子出版公司则设有专门的翻译出版部（Translation Publishing Department）负责该公司的对外版权许可业务。哈珀·克林斯出版集团的版权管理机构则更为详尽和专业，根据其业务特征的不同，设有版权许可部（Permissions Department）和儿童版权许可部（HarperCollins Children's Permissions），以负责大众出版产品版权和儿童出版产品的对外授权。此外，哈珀·克林斯还专设了数字出版服务部（Digital Publishing Services）负责公司出版产品附属版权的对外许可。麦格劳·希尔集团除设有法务部外，还设有专门的反盗版部以负责公司出版产品的版权保护业务。

**表3－2　美国部分出版企业的版权管理部门②**

| 出版公司 | 版权管理部门 |
|---|---|
| 麦格劳·希尔（McGraw-Hill） | 法务部（Legal Department） |
| | 反盗版部（Piracy） |
| 兰登书屋（Random House） | 版权许可部（Copyright & Permissions Department） |

① 陈美章：《美国知识产权的管理及其发展趋势》，《知识产权》1997年第5期。

② 资料来源于相关美国出版企业的官方网站。

续表

| 出版公司 | 版权管理部门 |
| --- | --- |
| 约翰·威利父子（John Wiley & Sons） | 翻译出版部（Translation Publishing Department） |
| 哈珀·柯林斯（HarperCollins） | 大众版权许可部（Permissions Department） |
| | 儿童版权许可部（HarperCollins Children's Permissions） |
| | 数字出版服务部（Digital Publishing Services） |

（2）商业化的版权管理思想

通过版权运作获得利润是美国出版企业版权战略管理的目的所在，而获取版权是运作版权的起点，后期的专业版权保护、管理及运营是实现赢利的保障。其具体操作模式，采取的是与作者、版权代理机构合作共赢方式。

美国出版企业的版权文化驱使其非常重视作者的权益，各大出版企业也在版权获取过程中给予作者富有竞争力的报酬。在这种合作中，美国出版商与作者持续分享利润成为二者紧密合作的基础。如赛珍珠的《大地》一书在 75 年后仍有出版社想取得版权进行出版，而且该书目前在美国仍能一年售出 20 万本，甚至有一年因为出版商在电视台中做了宣传而卖出了 70 万册①。出版商的不断努力，使《大地》这类图书畅销，在使得出版方获得更多利益的同时，著作权人也持续获利。而作者另一个收入来源是：当出版社将版税卖给国外出版社出版时，版税收入一般由出版社与作者分成；同样，卖给俱乐部、书友会以及有声书、平装书的授权，出版社也与作者平分带来的收益；如果在外语地区出版，作者则可能得到 75% ~85% 的收益；如果是电影、舞台剧作者可得到 90%，出版社得 10%②。出版物销售运作的成功，增加了出版商与作者的收入，也坚定了二者之间深入版权合作的信心。这就使得许多作者愿意将版权全权委托给有资历的出版企业进行市场运作，客观上使出版商全面掌握版权，从而为进一步的版权开发提供了法律前提。

美国出版企业与版权代理机构的紧密合作，也是出版企业成功获取版权以及实现专业管理的关键所在。目前在美国出版企业、版权代理机

① 魏红：《美国版权考察纪行（七）》，《中国知识产权报》2007 年 7 月 20 日。

② 魏红：《美国版权考察纪行（三）》，《中国知识产权报》2007 年 6 月 22 日。

构和作者之间已经形成多方共赢、相互制衡的合作关系，相互之间形成了利害相连的商业关系，一荣俱荣一损俱损。一旦产品畅销，三者共同得利，因此出版企业的版权人员、版权代理机构的文学代理人（Literary Agent）和作者之间会紧密协作以保证版权权利的有效开发。同时，在严明的法律条款和合同约定下，相互之间必须守住各自规则，遵守各自的版权规定。如有些合同规定，如果出版商不断印刷作者图书，或者每年出 300 本电子图书，出版社才拥有出版权，否则作者有权索回①。这是对美国出版企业的限制性规定，也是鼓励出版企业加大版权开发力度的规定。另外，有些合同规定，版权代理机构拥有的海外版权，如卖给出版社后两年内无版权交易即索回。这同样是对作者及其代理人权利的保护，也是三方合作的底线。在众多的版权代理机构中，美国版权结算中心（Copyright Clearance Center Inc.，简称 CCC）成为麦格劳·希尔（McGraw - Hill）、兰登书屋（Random House）、约翰·威利父子出版公司（John Wiley & Sons）、哈珀·柯林斯（HarperCollins Publishers）等大型出版企业的主要合作伙伴。除美国版权结算中心以外，美国还有 600 余家较为活跃的专业版权代理机构担当出版企业与作者之间的桥梁角色，推动了作者与出版企业在版权领域的合作共赢。

（3）完备的版权信息系统

受美国浓郁的知识产权文化影响，在美国无论是国家版权局还是出版企业甚或是美国公众，都极为重视版权信息的利用。出版企业作为运作版权而牟利的组织，对版权信息系统的利用更为充分。

在宏观层面，美国国家版权局建立了版权信息库，美国出版企业可以直接到版权局或打电话等方式向版权局咨询版权信息。版权局的信息每周可以 7 天 24 小时查询，除国家规定节日外，美国版权信息专家一周 7 天（每天从美国东部时间早 8：30 到晚 5：00）都提供电话服务。此外，美国出版行业协会也为企业会员提供各种版权信息。各出版协会一般都设有自己的网站并出版本协会的专业出版物，为企业会员提供版权等方面的服务。如美国出版商协会出版的《AAP 月报》，美国书商协会出版的《美国书商》，美国大学出版协会出版的《教育指南》等刊物，都会提供大量的版权信息。

---

① 王泳波：《文学代理人推动美国大众出版繁荣》，《中国图书商报》2007 年 12 月 14 日。

在微观层面，美国出版企业十分重视版权信息平台的建设，而且在版权业务实践中常常得到美国版权结算中心（CCC）的业务与技术支持。美国版权结算中心推出的版权许可服务加上它的网络基础应用工具使数千万在企业、大学、法律公司和政府机构的人能够轻松使用和分享出版信息。而且版权结算中心不断通过创新实现了出版企业的最佳版权管理。如 2008 年版权结算中心通过增加 Rightslink（授权）产品功能使版权所有者和出版商更好管理在线内容以及处理财务方面的事宜。除此之外，出版企业成熟而完善的版权信息系统能够提供很多报告，如了解某一特定选题在全世界的版权谈判状况（用于向作者和编辑同事提供信息），了解某种语言或在某个市场的在销售或已销售的所有版权目录，了解按主题种类和出版社分类的版权许可，等等。美国出版企业的版权信息平台也能提供定期报告，便于催告程序，如版权贸易中的选择期已满，合同签字后寄出但未返回，到期而未付的预付款以及逾期出版，等等。这些版权信息快速而准确的收集，为版权管理者科学地做出决策提供了有力的技术支持。

### 3.1.3 美国出版企业版权战略管理的具体措施

对于版权产业者来说，版权是生命之源。1930 年，喜剧大师卓别林告诫迪士尼创始人沃尔特："你要想有所发展，一定要有能力控制你的一切……要保持独立，必须拥有所摄制的每部影片。"沃尔特对此深信不疑并坚持了这一原则，而迪士尼公司后来的成功即源于拥有作品的原始版权或者买断版权，从而保证有权将公司作品版权进行不断演绎与开发。美国出版人同样深深知道版权的重要性，因而美国出版企业非常重视版权的获取、运营和保护。

（1）美国出版企业的版权获取

美国出版企业版权战略管理有一个鲜明的"由总到分"的特征，即在获取版权阶段采取对版权权利内容的尽量全面引进，而在版权开发阶段却经常是波段式开发或分割式销售。版权权利内容的总体获取为后期版权的充分运作提供了权利基础，而这种整体获取版权模式的实现虽然有着美国版权法保护"版权所有人"立法精神宏观背景，实际上的完成更多地需要出版企业不断地与作者或其代理人之间艰苦地谈判。

美国版权法的立法精神，在于通过对作者的授权保护和促进作者从事创作的积极性，从而达到促进文化发展和科学进步的社会目标。因此，美国版权法的发展目标是以发展社会文化事业和经济利益为核心的，不像欧洲等以作者权利为核心。在美国版权法立法精神的影响下，美国政府在制定版权保护政策时一直注重对版权人经济利益的保护，它不仅保护作品在法定条件下的转让和使用，而且规定雇用他人代为创作作品或出卖版权是合法的。这就为出版企业合法获得一部作品的大部分权利内容提供了法律基础，从而为后期的规模化版权运作提供了可能。

但版权的运营必然涉及出版企业和作者等几方的利益，版权权利内容的全面获取需要出版企业说服作品的创造者及其代理人。大部分美国出版商凭借自身的商业实力和信誉，以及承诺给予版权合作者以富有竞争力的条件从而能够获得几乎所有的权利内容。但有时候也不是一帆风顺，如西蒙 & 舒斯特（Simon & Schuster，Inc.）就为实现版权权利的全面获取而产生了与作者阵营之间的冲突。2007 年 5 月西蒙 & 舒斯特联合出版公司在与作者签订的出版合同中新添加一条：在出版合同的授权期内，如果该书的电子版还存在于出版商的数据库里，不论该书是否还在付印，出版商有权继续保留该书版权。而美国作协则认为西蒙 & 舒斯特以按需出版为由，想拖延作品的权利却并不积极为作品的促销作准备，奉劝作者不要与西蒙 & 舒斯特签署协议。在巨大的反对声中，这家老牌出版社还是不得不放弃了原来的打算①。无独有偶，兰登书屋首席执行官马库斯·多尔（Markus Dohle）在给十余家文学代理公司的信中表示，兰登书屋拥有所有已出版的纸质图书的电子版权②。尽管出版企业和作者阵营的争议仍在继续，但是由此也可以看出，美国出版企业一直在谋求版权权利获取的全面性，因为它们深深明白，占有版权资源在知识经济时代的重要性。

（2）美国出版企业的版权运营

美国出版企业的收入主要来自图书（精装版和平装版）销售和版权贸易。而版权贸易又分为图书俱乐部版权、影视改编权、报刊连载权和海外版权等收入。后来由于在国内包括图书俱乐部版权、影视改编权、报刊连载权等版权贸易收入下降，而美国在海外的版权收入已经成

---

① 渠竞帆：《西蒙 & 舒斯特觊觎数字版权受阻》，《中国图书商报》2007 年 6 月 15 日。

② 柴玉琳：《库存书电子版权争夺战》，《出版商务周报》2010 年 1 月 4 日。

为美国出版社的重要经济支柱，渐渐成为美国整个出版业发展的重要经济基础。可以说，美国出版企业的版权运营，既注重对版权权利内容的不断演绎，也有国际版权贸易市场的多元开发。

①版权权利内容的不断演绎

由于美国出版企业版权产业链的经营环境相对成熟和专业，对权利内容的分割开发能产生更多的收益，因此与注重版权引入的整体性不同，美国出版企业版权运营的一大特征就是对版权作品权利内容的多层次演绎和开发。

目前美国出版企业版权权利的演绎开发方式，主要包括：作品翻译权转让、平装本版权交易、影视与图书相互改编权的转让、作品中形象使用权转让、报刊连载权转让、电子版制作权的转让等形式[①]。除这些常见的版权市场开发形式外，一些大型出版企业还会设计其他形式的版权开发，如图书俱乐部版权、缩编权、影印权等版权演绎也常见于美国出版企业版权开发中，图书版权的立体开发为美国出版企业所带来的商业利益相当巨大。

②国际版权贸易市场的多元开发

20 世纪 90 年代后大部分美国出版企业的版权收入来自海外版权贸易，海外版权收入已经成为美国出版社的重要经济支柱和整个出版业发展的重要经济基础，很多美国出版商也将出版社的收入来源重心由国内移至国外。这种收入重心的成功转移，主要源于其对版权这种文化产品在国际版权贸易市场的多元开发。

在版权销售对象方面，美国出版企业售出的版权，追求多个地域或多种语言的成功运作。在对外版权贸易领域，美国出版企业成功地全面获取版权后，在版权销售过程中将会对版权作品的各项权利充分开发。如兰登书屋自 1994 年推出理查德·普莱斯顿的《热点地区》以后，德国、法国、意大利、日本、韩国和印度尼西亚等 12 个国家和地区购买了版权，此书的海外版权总收入已超过 100 万美元。许多中小出版社也依靠海外版权收入活跃于国际舞台上，如位于加利福尼亚的贝莱特克勒尔出版社成立 3 年以来，其出版的 15 种书已签署了 34 份海外版权合

① 吴赟：《欧美国家对外版权贸易的特点》，《中国出版》2005 年第 8 期。

同，其中有葡萄牙文、西班牙文、中文、朝文和德文版[①]。从对中国版权的输出也可以看到这个特点，如美国出版企业往往把版权合同分为繁体版和简体版两种，繁体版卖给中国香港特区、中国台湾地区的出版商；简体版卖给中国大陆的出版机构。近年来为适应中国大陆高等教育的需要，大量的英文影印版图书版权也为美国出版企业所重点推出，如麦格劳·希尔仅2001年向中国输出近150种英文影印版图书版权。

美国出版企业的版权贸易方式也显得多种多样。传统的版权贸易方式，如参加法兰克福国际书展、北京国际书展、东京国际书展等书市盛会，通过版权代理公司运作图书版权输出等，到目前为止仍然是开展版权贸易的重要方式。此外，新型的版权贸易方式多以出版企业间的国际合作面目出现，这种合作能够实现一些大规模的版权输出。就中国大陆而言，我们可以发现很多国内出版社与美国出版企业有着紧密的版权合作关系，如上海世纪出版集团与麦格劳·希尔结成战略联盟，吉林出版集团与哈珀·柯林斯结成战略联盟。这种战略联盟形式的版权合作，促进了美国出版企业对外版权贸易的规模化发展。

（3）美国出版企业的版权保护

美国出版企业深知版权保护对于出版产品开发的重要性，因而不仅在版权获取阶段追求权利许可在内容和程序等方面的严谨，在后续的版权管理和开发过程中也始终把版权问题放在出版运营的核心位置，始终突出版权对于产品运作的战略地位，以至于一部版权作品运作过程中几乎始终伴随着一份“版权说明单”，以指导后续的出版工作。可以说，美国的出版工作是始终围绕版权保护这个前提而展开的，这在美国一些大型出版企业中已成为版权文化的核心部分。相比于中国国内出版企业而言，美国出版企业的版权保护最大特征不仅限于强烈的版权保护意识，更表现在他们敢于并善于用法律维护自己的版权利益。因此，我们可以发现美国出版企业经常会成为一些版权诉讼案件的主角。

①对非法复制的坚决打击

尽管美国侵权盗版的情况相对而言并不严重，但美国出版企业历来重视反盗版等版权保护工作，如约翰·威利父子出版公司近年来用于侦

① 苏振华：《中美版权贸易比较研究》，苏州大学硕士学位论文，2008年。

察盗版的人力增加了4倍[①]，可以看出美国出版企业在打击盗版等非法侵害版权行为方面付出了大量人力和物力。

近年来，在美国教育出版领域出现多起打击非法复制的诉讼。教育出版历来是出版企业利润的主要来源，虽然美国教育出版业是完全放开的，但经过多年的市场竞争后，教育出版的市场渐渐被几家大型出版商所垄断，因而产品价格较高，也成为盗版的主要对象。但也正是因为出版商相对强势的地位以及对版权的高度重视，一旦他们的出版物出现盗版等非法侵权时，这些出版巨人就会高扬起维权的法律大旗。从目前来看，大部分的诉讼以庭外和解告终，但出版企业几乎都是胜利的一方。

美国出版商对于非法复制深恶痛绝，而一些非法复制商即成为他们的诉讼对象。如2006年2月一位复印店老板 Kenneth R. Roberts（位于 Gainescille，Fla.）与六家出版商达成庭外和解，同意支付由于自己非法复制出版物并出售给佛罗里达大学学生所造成的版税和损失补偿（未予公开数目）[②]。这六家出版商包括三家美国出版商约翰·威利父子出版公司、赛奇出版公司（SAGE Publications）、哈佛商学院出版社（Harvard Business School Publishing）。这一事件说明美国出版商重视版权并保护自身版权防止未授权的使用行为。实际上这是第二起起诉这位复印店老板的案件，第一起解决于2003年5月，是2002年10月约翰·威利（John Wiley &sons）、麻省理工学院出版社（the Massachusetts Institute of Techology）等出版商提起诉讼，2003年5月双方达成有关赔偿的和解协议。

此外，2004年11月，约翰·威利父子出版公司起诉一个侵权者，因为被告未经授权将出版商的教学参考书以光盘形式通过 eBay 和 Half. com. 进行销售。与此同时，约翰·威利父子出版公司又加入到加拿大出版巨人汤姆森出版集团与另一个侵权者之间发生的类似版权纠纷中，两起官司最终都达成调解协议，出版商无一例外地获得胜利[③]。侵权者被要求支付一定数额（未予公开）的侵权费用并永久停止未经授

① 魏红：《美国版权考察纪行（二）》，《中国知识产权报》2007年6月15日。

② Anonymous. "Six Publishers Reach a Settlement in Copyright Infringement Case". *Information Today*. Apr24, 2007.

③ Calvin Reid. "Settlement Halts Pirates". *Publishers Weekly*. New York: Oct3, 2005.

权的在线或线下销售。出版商的委托律师也表示将与eBay等网络服务商紧密合作，以提供自身商品的版权信息并监督一些非法版权产品是否合法下线。

美国的版权结算中心（Copyright Clearance Center Inc.，CCC）经常成为美国出版企业打击非法盗版的代言人。如2003年2月约翰·威利父子出版公司、麻省理工学院出版社（the MIT Press）、赛奇出版公司和芝加哥大学出版社（the University of Chicago Press）起诉模范图书公司（Paradigm Books Inc.）、模范课程资源公司（Paradigm Course Resource Inc.）侵权，此外，美国的版权结算中心也代表哈珀·科林斯、约翰·威利、普林斯顿大学出版社（Princeton University Press）和赛奇出版公司起诉印第安纳大学布鲁明顿高校复印店（Collegiate Copies of Bloomington，Ind.），因被告未经许可即对原告版权产品进行系统地复制。两起案例由美国的版权结算中心代表出版商同复制商达成和解，复制商同意赔付一定数额的损失补偿并通过美国的版权结算中心以版税形式获得相关版权的法律许可[①]。美国的版权结算中心还于2003年1月帮助麻省理工学院出版社、赛奇出版公司等出版商起诉洛杉矶韦斯特伍德复印店（Los Angeles - based Westwood Copies），因为该复制商非法复制课程包（coursepacks）而侵犯了上述出版商的版权利益[②]。

②对数字版权的高度重视

在维护数字版权方面，美国出版企业维护权益最著名一战，莫过于麦格劳·希尔、西蒙 & 舒斯特、约翰·威利等五家出版巨人代表美国出版商协会，在2005年控告Google未经版权人许可，通过图书馆计划将受版权保护的图书内容公布到网上，造成了作者和出版社的利益损失。从2008年10月所达成和解的协议内容看，Google将拿出图书使用过程所获得收入的63%（1.25亿美元）用于解决此事件，包括Google将投入3450万美元成立图书版权登记处，投入至少4500万美元支付给2009年5月5日前被扫描的图书及插入内容的版权持有者，其余4550

① Judith Rosen. "CCC Wins Copy Shop Settlements". *Publishers Weekly*. New York: Nov. 17, 2003.

② Steven Zeitchik. "Four Publishers Sue L. A. Copy Shop". *Publishers Weekly*. New York: Jan 27, 2003.

万美元用于支付律师费[①]。

在教育出版物数字版权领域，美国出版商协会作为出版商的代表，针对高校滥用出版物数字版权的现象，与一些大学达成协议，商定使用教材电子版权的一些原则，特别提出在教材复制领域，不仅纸质图书复制需要尊重版权，数字内容复制同样要先得到出版商的许可[②]。

美国出版商也起诉一些数字服务商来维护自身数字版权利益。如约翰·威利父子出版公司在波士顿地区联邦法院起诉科斯勒 & 汉考克信息服务公司（Kessler – Hancock Information Services Inc.）[③]。根据美国版权结算中心的调查，作为一家文件传输服务公司，它采用了约翰·威利父子出版公司大量版权作品作为库存资料，在向外输出过程中收取了相应的版权费用。但这家公司却并没有把相关使用费交给出版商，因而侵犯了出版商的版权。针对网络服务商侵犯数字版权行为，约翰·威立公司已将 10 个不法卖家告上法庭，并在媒体上发布以曝光这些侵权行为。现在约翰·威利公司处理的侵权事件已从原来的每天 200 ~ 300 件降到现在每周 20 ~ 30 件[④]。

③对国际版权市场的版权保护

美国的版权产业获得了巨大的发展，并逐渐成为了世界上最大的版权产品出口国，国际版权保护对美国的经济意义不断上升。因而在国际版权贸易领域，美国出版企业同样高度重视版权利益的维护。而这种权利维护，既体现在由美国出版商协会等组织推动的国与国之间的版权谈判中，也体现于美国出版企业主导的个体版权纠纷中。

在宏观层面，美国出版企业利用“特别 301”条款，推动国际版权市场对美国出版企业的整体保护。如 2010 年 4 月 30 日，美国贸易代表办公室（USTR）就美国贸易伙伴知识产权保护适当性和有效性公布了年度《特别 301 报告》，报告世界各国的知识产权保护情况，列出保护

---

① 渠竞帆：《追踪 Google 和解协议》，http：//www. cbbr. com. cn/info_ 19716. htm。

② *Publishers Announce Agreements With Universities On New Copyright Guidelines For Course Content In digital Formats.* US Fed News Service, Including US State News, Washington, D. C.：Jan17, 2008.

③ Judith Rosen. “Wiley, Elsevier Sue Document Service”. *Publishers Weekly.* New York：Nov 19, 2001.

④ 魏红：《美国版权考察纪行（二）》，《中国知识产权报》2007 年 6 月 15 日。

不力的国家名单。中国自2005年起，已经连续6年被列入黑名单。而致力于推动知识产权保护的国际知识产权联盟（IIPA），主要包括8个版权产业组织：美国出版商协会、美国电影市场协会、商业软件联盟、电脑与商业装备制造商协会、信息技术协会、美国电影协会、全国音乐出版商协会和美国录音产业协会。每年的“特别301”条款名单直接体现了美国版权业的利益要求，而美国出版商协会即代表美国出版企业版权利益的整体诉求。

在微观层面，美国出版企业也经常利用法律诉讼或行政请求来维护自身在国际版权贸易中的合法权益。如美国出版商协会、英国出版商协会联合向我国版权部门投诉，称上海某高校侵权复制使用其会员单位麦格劳·希尔等公司出版的大学教材。上海市版权局经过调查取证发现被投诉单位未经权利人许可复制《社会福利建设理论与实践》等3种图书，每种复制数量在30本至40本之间，以每本6元至12元的复制成本价提供给学生。据此侵权事实，于2006年6月26日依法做出责令停止侵权、没收侵权图书及罚款的行政处罚①。此外，西蒙 & 舒斯特出版社也曾与译林出版社就《亲历历史》一书版权贸易产生纠纷。由于译林出版社擅自删节了书中几乎全部有关批评中国的内容并拒绝完全恢复，因而西蒙 & 舒斯特出版社正式发函取消译林在中国大陆的《亲历历史》出版权，并要求译林销毁库存的擅自删节的印本②。

此外，在国际版权贸易中涉及平行进口问题时，美国出版企业也毫不犹豫地运用法律武器维护自身权益。美国出版商在国际版权贸易中经常会出版特别版本以专销海外市场，若针对经济欠发达国家则允许相应版本在质量、服务和价格等方面与美国本土版有着一定差距。但若两版本内容都是英语，则存在出版商的低质量版本经出口后又经其他书商流回美国图书市场的情况，从而出现一种书两个版本、两个价格和两种服务，打乱该书的本土市场，也从根本上影响了出版商对图书产品版权的全球性开发运作。如大型教育和科技出版商约翰·威利父子出版公司与侵权者 Pelican Bookshop（位于佛罗里达州的一个图书零售商）在一起

① http：//www. ndcnc. gov. cn/datalib/TradeNews/2007/2007_05/tradenews. 2007 - 04 - 11. 9162655157.

② 盛立中：《谈谈希拉里回忆录中文版权纠纷》，《新东方》2004年第4期。

版权官司中达成和解协议，侵权书店支付一定数额的版权赔偿并停止在美国在线销售出版社所有非美国版本图书的侵权行为[①]。在这起官司中，Pelican Bookshop 从国外进口一些出版商专授予国外低质量的英文版图书，由于纸张差、颜色少和缺乏后续电子材料支持，因而能在其网站上以更为低廉的价格大量售卖，而购买其产品的顾客则把产品质量和售后服务等问题矛头直指出版社本人。这种典型的平行进口行为伤害了出版商的名誉，也影响了版权的整体规划运作，因而美国出版企业常常用法律武器捍卫相关权益。

## 3.2 欧洲出版企业的版权战略管理

欧洲大部分国家的法律体系与美国有所不同（英国等英美法系国家除外），其版权保护法律体系体现出较为鲜明的大陆法系特征，因而在作者人身权等权利保护方面与美国也有所不同。由此在出版企业进行版权获取、版权管理、版权保护及运营过程中与美国出版企业在一些细节方面有所差别。但总体来看，欧洲出版企业与美国出版企业同样具有高度市场化的特征，两者对版权业务的管理也有诸多相似之处。比如，欧洲国家在宏观层面重视包括出版产业在内的版权产业的发展，而微观层面出版企业也重视版权战略管理体系的建构和版权战略管理策略的有效实施。

### 3.2.1 欧洲出版企业版权战略管理的宏观背景

总体来看，欧盟及其成员国版权保护制度的相对完备和相关政策的有力支持，为欧洲出版企业版权战略管理奠定了坚实基础。

在宏观层面，欧盟委员会及欧洲出版行业协会一直十分重视加强版权保护。2001 年 4 月 9 日，欧盟议会经过仔细斟酌终于通过了《欧盟议会和理事会关于协调信息社会中版权和相关权某些方面的指令》（简称“版权指令”）。2001 年 5 月 21 日，“版权指令”的最后文本形成，

---

① Calvin Reid. “Three Houses Settle Infringement Suit” . *Publishers Weekly*. New York: Aug. 23, 2004.

并于2001年6月22日公布于《欧共体公报》上[①]。欧盟“版权指令”的制定，主要目的是就数字化和网络环境中的版权保护和相关权保护协调各成员国的法律，尤其是协调各成员国复制权、发行权、向公众传播权和向公众提供权以及对技术措施和权利管理信息提供保护的规定[②]。从而使各成员国在数字版权保护领域接近一致并符合TRIPs的要求，促进成员国之间以及与欧盟外国家进行广泛的数字版权交流。此外，“欧盟出版商联合会”（the Federation of European Publishers，FEP）2008年发布倡议支持设立欧盟图书计划的《欧洲与图书》[③] 报告，表达希望欧盟能出台支持欧洲图书业的宏观政策，并提出20个具体扶持措施：①考虑非视听文化产业的特性，调整欧盟文化计划，特别是组建一个文化产业专家委员会，并加强与文化产业相关的长年合作项目的资金支持；②增加对包括非小说在内的翻译工作的支持，并在支持创设翻译人员联络网的同时，支持对外文出版商和专业翻译人员的培训；③帮助欧洲出版商在国际书展设立共同摊位；④支持作者参与欧洲和其他国家的文化活动，在欧洲和其他国家（中国、美国等）设立欧洲出版办事处；⑤开办泛欧洲培训课程并制定欧洲出版业从业资格标准；⑥支持旨在鼓励欧洲各地年轻人和贫困阶层阅读的进一步行动；⑦为数字内容和数字化内容的发展提供融资帮助；⑧为培训图书专业人员使用数字化工具提供支持；⑨进一步支持采用满足多语言需要的纸质和电子出版物标识标准和元数据；⑩支持数据库的互联与组织；⑪资助书商在销售电子图书方面的培训与业务调整；⑫支持欧洲语言出版物与其他语言出版物的互译；⑬加大教科书供应的资助预算；⑭增加图书馆基本馆藏建设的资助额；⑮支持发展当地出版业务，以及当地出版商与欧洲出版商之间的合作出版和权利转让；⑯支持出版商降低图书成本；⑰鼓励就地培训出版商和书商的计划；⑱为尊重与促进文化多样性，要考虑欧盟文化政策的其他方面（《建立欧共体条约》第151条第4款）；⑲促进版权规则在

---

① Directive 2001/29/EC of the European Parliament and of the Council of 22 May 2001 on the Harmonization of Certain Aspects of Copyright and Related Rights in the Information Society, Official Journal of European Communities, 167/10, June 22, 2001.

② 李明德:《欧盟“版权指令”述评》,《环球法律评论》2002年第4期。

③ FEP, Euro and the book: Advocacy Report of the Federation of European Publishers in favor of European programmes for books, www. fep – fee. eu.

其他国家和国际组织内的实施；⑳促进图书的自由流通（佛罗伦萨协定和内罗毕议定书）[①]。报告的提出表明，欧洲出版企业希望出版业能够得到欧盟委员会的更多政策扶持，从而进一步扩大欧洲出版产业的全球竞争力。

大部分欧洲国家本身就具有较为完备的版权法律体系。如在英国法律体系中关于出版产业的法律法规超过20个，版权保护法律则在1709年的《安妮法令》到1988年的英国现行版权法的270多年的时间中，法案内容不断被更新和修订；德国版权法则条文极为具体，不仅内容全面还在版权法案后附有目录以供使用，而且除专门的德国《版权法》外还在其他一些法律如《反不诚实竞争法》中有涉及版权问题的条款；法国的版权保护则以严谨著称，从1789年的《人权宣言》至今，法国制定了一系列直接和间接规范出版业的法律法规，形成了较为健全的出版法律体系，在版权方面主要有《文学、艺术产权法》和《关于著作权和表演者、音像制品制作者、视听传播企业的权利的法律》等。另外，在约束出版行为的如《法国出版自由法》（1881年7月29日）、《关于法国报刊组织的法令》（1944年8月26日）、《雅克·兰法》（又称《1981年8月10日法》）等法律中也有涉及版权方面的条款[②]。

此外，一些欧洲国家也出台了一系列政策支持出版产业的发展。如英国政府设有专门的文化委员会支持英国图书出版业的出口和版权输出，英国文化委员会每年都有一笔上百万英镑的图书推广资金，鼓励与资助英国出版公司在海外举办和参加各种图书展览。英国海外贸易局每年也向一些英国出版公司提供几十万英镑的图书出口补贴[③]。法国政府也非常重视出版产业的发展，在政府中设立了专门的出版管理机构，即文化和交流部（Minisery de la Culture etde la Communication）下设的图书与阅览司（Direction du Livre et de la Lecture），主管法国的商业出版社和书商以及国家的图书馆（隶属教育部主管的大学图书馆除外）。其中，图书阅览司的主要活动是通过法国国家出版中心（Le Centre Na-

---

① 王清：《欧洲出版商最新欧盟出版政策诉求述评》，《出版发行研究》2009年第10期。

② 闫梦辉：《欧美版权保护三大支柱》，《中国图书商报》2002年1月17日。

③ 黄永华：《立足全球经营的英国出版业》，《出版参考》2005年第10期。

tional dulivre）来实现对出版产业在税收、投资、补贴等方面的优惠政策。此外，法国的地方政府对出版产业也会提供相应的支持。法国政府的其他部门也会涉足对出版产业的支持。如 2004 年由法国文化和通讯部支持的全国赞助图书和阅读计划项目有 3.73 亿欧元，主要有三项任务，其中第一项优先资助的是作者、出版社和独立书店，第二和第三项是对图书馆的资助①。

欧盟及其成员国相对完备的版权保护制度，为出版企业开展版权业务管理奠定了制度基础。同时在经济和文化等层面的政策扶持，又推动了包括出版产业在内的版权产业的迅猛发展，从而，也为出版企业的版权运营和深度开发提供了产业背景。

### 3.2.2 欧洲出版企业版权管理的支持体系

在版权产业蓬勃发展和版权制度不断完备的背景下，欧洲出版企业自身也在微观层面重视版权业务并建立了系统的企业版权战略管理体系，将企业版权的保护和运营体现在每一个具体出版环节当中。

（1）版权管理部门的组建

欧洲大型出版企业通常设有专门化的版权管理机构。如英国的培生教育出版集团版权管理队伍相当庞大，2004 年法兰克福书展培生共参加 90 个人，其中文字编辑只有 5 个人，其余全部是版权部的人员②。在法国，小出版社负责发行部门的人可以兼顾版权，但有一定规模的出版社都设立版权部门。如法国独立出版社阿尔班·米歇尔出版社（Albin Michel）版权部门工作涉及版权业务的方方面面，其版权部经理雅克琳娜·法福罗（Jaqueline Favero）同助手负责编写书的简介向外宣传、洽谈版权并建立合同，然后追踪合同执行情况等，每年签署 200 多个合同；同时该社还有一个国外部，专门负责引进版权③。德国一些较为大型的出版企业都设有版权部，如出版巨头贝塔斯曼、施普林格都设有专门的版权管理部门（德国 STM 出版商的代表施普林格在 1980 年就通过

① 王薇：《透视法国出版业经济政策》，《出版参考》2008 年第 18 期。

② 耿相新：《英美出版文化行记》，开封：河南大学出版社，2006，第 26 页。

③ 陈丰：《法国出版署副主席谈法国版权贸易与网络版权》，《中国图书商报》2000 年 7 月 7 日。

版权部门的运作签订了与中国的第一份版权合同①)。而以“二战”后推出“彩虹计划”闻名世界的苏尔坎普出版社（Suhrkamp Verlag）在1950年代初就决定设立版权部。其创立者彼得·苏尔坎普认为，只有通过出版社社长与版权部的密切合作，作者与出版社之间的合作关系才能得以巩固和发展，出版社需要负责作者合同在社内外使用过程中的认真执行②。盖斯特恩白尔格出版社（Gerstenberg Verlag）、拉文斯堡图书出版奥托麦尔股份有限公司（Ravensburger BuchverlagOtto Maier GmbH）、爱希博恩出版社（Eichbom Verlag）和卡普斯出版社（Campus Verlag）等出版企业也都设有专业的版权管理部门。此外，还有一些大型的欧洲出版企业，在世界各地设立分公司、分支机构或代理处来处理版权业务。部分欧洲国家出版企业版权管理部门信息参见表3-3。

**表3-3　欧洲部分国家出版企业版权管理部门③**

| 国家 | 出版企业 | 版权部门 | 负责人 |
|---|---|---|---|
| 英国 | 培生教育出版集团（Pearson Education Ltd） | 版权部 | 莱内特·欧文（Lynette Owen） |
| | 多林·金德斯利公司（DK Ltd） | 国际版权部 | 德布拉·考提司（Deborah Cotates） |
| 德国 | 施普林格出版社（Springer） | 版权部 | R. Justke |
| | 盖斯特恩白尔格出版社（Gerstenberg Verlag） | 版权部 | Feist |
| | 拉文斯堡图书出版奥托麦尔股份有限公司（Ravensburger BuchverlagOtto Maier GmbH） | 版权部 | Micha Ramm |
| | 爱希博恩出版社（Eichbom Verlag） | 版权部 | Jutta Willand |
| | 苏尔坎普（Suhrkamp Verlag） | 版权部 | 彼得拉·克里斯蒂娜·哈特（Petra Christine Hardt） |
| | 卡普斯出版社（Campus Verlag） | 版权部 | Franziska Stadler |
| 法国 | 阿尔班·米歇尔出版社（Albin Michel） | 版权部 | 雅克琳娜·法福罗（Jaqueline Favero） |

① 水木：《合作市场大信息反馈少：德国版权人谈中德版权贸易》，《中国图书商报》2003年10月24日。

② 〔德〕彼得拉·克里斯蒂娜·哈特：《版权贸易实务指南》，上海：上海世纪出版集团-上海人民出版社，2009，第8页。

③ 表3-3中德国信息来自德国图书信息中心（http：//www. biz-beijing. org/），英国和法国出版企业信息源自《中国图书商报》以及相关出版企业网站。

（2）版权管理理念的形成

在欧洲，大部分出版企业把版权视为出版业的第一出版资源，科学管理和充分利用版权成为出版企业发展的核心目标。

对版权资源的管理在欧洲出版企业中占有非常重要的核心地位。如在英国，一般只有大型的出版企业会购买自己的办公楼，一般的出版企业通常不会购买。因为出版商深深明白出版业是内容产业，拥有版权资源才能使自己拥有真正的竞争力，因而大部分出版企业把版权资源作为出版企业的核心资源，而将办公楼、设备等有形资产作为辅助出版资源。将版权资源的科学管理放在核心位置为出版企业带来的好处，不仅仅体现在对企业核心竞争力的提升，还能使得出版企业发展不利时增加谈判的砝码。因为在出版业竞争激烈的欧洲，出版企业随时都有可能被大社所兼并，一旦面临这种情况时，有形资产反而成为负担，而那些具备品牌效应的版权资源则成为炙手可热的对象。

大部分欧洲出版企业，在具体出版环节中非常重视管理和利用版权。以英国为例，其突出表现有四：一是出版社自己策划选题，尽量在作品的版权中融入出版社的选题思想（在英国作者的自投稿被出版社采用的只占到5%左右，其余95%通常都被出版社所拒绝）；二是认真起草与作者的出版合同，尽量将作品的一些附属权，尤其是电子出版权包含进去，并尽量将合同期延长（一般在10年以上）；三是采用计算机技术对出版合同进行系统的管理；四是通过传统的和现代的方式对版权进行充分利用，使其所购买和拥有的版权得到最大的产出①。

（3）版权信息系统的利用

版权信息系统对于版权管理非常重要。它能体现原作品出版时间，每个市场的状况和版权兴趣所在，版权谈判细节及合同的最终条款，以及许可版本的出版时间和交易的付款记录，为版权业务的顺利展开提供全面而细致的支持。

欧洲一些大型出版企业一般都具有自己的版权信息系统，这个版权信息系统贯穿版权的获取、管理、运营及保护的整个环节。20多年前，这种版权信息系统还是以手工索引卡片形式体现，而现在欧洲大部分出

① 刘先中：《英国中小型专业出版社如何开拓图书微观市场》，《编辑之友》2006年第1期。

版企业则以数据库系统的形式来促进版权业务活动的展开。版权部门会利用信息系统保存基本的版权业务档案记录，对于每笔操作都予以集中管理，记录每个项目确切的情况和授权对象，以便日后能很快地查询到每一个选题的版权及版权业务情况，其记录甚至还包括了每一客户的兴趣和购买方式，以及版权收入的详细分配等。目前，许多出版企业都有以 Word 和 Excel 为基础的系统，它们可能与财务结算系统连接，有利于为每项版权业务提供财务记录等服务。一些版权输出热点出版企业如施普林格（Springer）建立了出版社的数据库，其中对各出版社的出版重点有详细记录，每年都根据这个记录向出版社推荐新书①。此外，一些大型出版企业在网站上建立了版权信息服务平台。如企鹅出版集团不仅在主页上明确了版权业务联系方式，还为了方便世界各地的出版社查询企鹅公司拥有的图书版权资源，设立了一个专门的版权网站②，简单实用，强大的搜索功能可以快速地查找所需版权信息。

### 3.2.3 欧洲出版企业版权战略管理的具体措施

（1）欧洲出版企业的版权获取

与美国版权法注重保护“版权拥有人”的权利不同，欧洲版权法整体而言注重保护作者权利，因此欧洲出版企业在版权获取阶段尤为重视获得作者的完全授权。在具体出版环节中，出版企业既要谋求获取更多的权利许可以掌握更多的版权资源，又要尊重作者以实现作者权益的最大化，因而欧洲出版企业的版权获取更多地体现为建立在双方互信基础上的合作。欧洲出版企业与作者之间的这种互信合作，体现为出版企业在版权获取过程中始终坚持维护作者权利的原则。无论是费尽周折寻找版权作品的权益人，还是设定一些条件合同为版权作品权益人对一些不可预知的未来权利预留收益权，都体现了欧洲出版企业在版权获取阶段对作者权益的尊重与维护。

在版权获取过程中，寻找真正的版权所有者并维护其应有权利，是出版企业版权战略管理的必备工作，但有时这个过程非常复杂。2005

---

① 水木：《合作市场大信息反馈少：德国版权人谈中德版权贸易》，《中国图书商报》2003 年 10 月 24 日。

② 王建琪：《企鹅集团网站建设与发展》，《出版参考》2007 年第 36 期。

年6月在上海召开的“国际版权贸易案例研讨会”上，德国爱希博恩出版社（Eichbom Verlag）版权部经理 Jutta Willand 给我们提供了一个典型案例，让我们感受到欧洲出版企业对这一问题的高度重视。

爱希博恩出版社的一个项目负责人发现了一个美国女作家——玛塔·都特作品，她在1933年作为美国大使生活在柏林，亲眼看到了纳粹的上台。在1933年到1937年，她生活在柏林的这段时间每天都写日记，写她对德国社会、对纳粹这种变形的观察。这本日记在1939年被英国伦敦一家出版社出版，紧接着被美国纽约的一家出版社出版。在1946年出了一个缩略的德文译本，当时还是在苏联的知识行政出版社出版，现在这一机构早已不存在了。爱希博恩出版社希望把原书最早全译本翻译成德文出版，因为2005年是二战六十周年，所以很想把它放在爱希博恩出版社的春季出书栏目组。女作者死于（二十世纪）六十年代，但是按照国际版权公约，在作者身后五十年她的著作权还是受到保护的。所以爱希博恩出版社想出这本书，就必须找到这本书的版权继承人。首先，爱希博恩出版社版权部的人就和出这本书的英国出版社联系，但是英国出版社早已不具有这本书的版权了。他们又继续找到美国的那家出版社，从那里获知这本书的电影著作权早在四十年代又卖给了另一家公司。然后，爱希博恩出版社又去找到这家公司，但是无论通过什么方式都得不到任何的反馈。最后，他们在华盛顿的国会博物馆里花了比较高昂的检索费用来搜索这本书的版权遗产继承人。通过这种检索，他们得到了一点点的线索，知道了当时女作家在布拉格的女秘书和她的律师，并被找到了。但是，这两位也无法在女作家的遗嘱中找到关于这本书的版权遗产继承人。到最后爱希博恩出版社通过大量的努力和复杂的检索都没有找到这本书的版权遗产继承人。但是，爱希博恩出版社还是不肯放弃出版这本书。于是通过了一种专业的咨询，找到了下面的解决方法。爱希博恩出版社把各个检索的文件、记录都做成档案，还虚拟了一份版权合同，并在银行开了一个账户。在那里把通行的版税数目存在这个账户上，同时，在出书的版权页上作了声明，“爱希博恩出版社作了如下的努力还是没有找到版权遗产继承人，如果这个人看到这本书自己站出来，他或者可以得到爱希博恩出版社为他设立的那笔版税，也有权利在法庭上控告爱希博恩出版社，爱希博恩出版社将愿意承担这样的风险。”①

此外，为使版权管理更为全面完备，欧洲出版企业在版权获取过程中还重视获得一些目前尚未出现的版权使用方式。因为随着科学技术的不断发展，出版企业在未来非常可能会使用很多现在还不存在的附属版权。基于这种长远考虑，欧洲出版企业会与作者签署一些特殊的协议来获得作者的一些未知附属版权。但在这些协议中，也可以看到欧洲出版企业对作者权益的尊重与维护。比如，现在德国出版企业，根据2008年1月1日生效的《信息社会版权管理第二法案》（*Zweite Gesetz zur Regelung des Urheberrechts in der informationsgesellschaft*）的规定，承诺作者不仅有权从使用这些未知附属版权的出版企业那里获得额外的报酬，而且在授权后3个月内还拥有“后悔权”。同时在协议中对向作者支付报酬的方式也作了明确规定：如果版权是出版企业自身使用版权，作者可以获得提成比例是净收入的20%；如果是出版企业授权他方使用版权，作者则可以提取出版企业收入的50%②。

从德国爱希博恩出版社（Eichbom Verlag）努力寻找版权人的案例可以看出，欧洲出版企业在版权获取过程中非常重视作者的权益，即使历尽重重周折仍不能找到作者及其权益继承人，也会以其他方式表达对作者权利的尊重。而对作者那些未知附属版权权益的维护，则体现出欧洲出版企业在版权获取阶段的长远考虑。这种在版权获取过程中绝对尊重作者权利的版权意识，成为双方互信的基础，也为出版企业对版权作品的系统化开发提供了保障。

（2）欧洲出版企业的版权运营

由于欧洲出版企业版权产业链的经营环境相对成熟和专业，对权利内容的分割开发能产生更多的收益，因此与注重版权获取的整体性不同，欧洲出版企业版权运营的一大特征就是对版权作品权利内容的多层

① http：//www. biz - beijing. org/News2005. php？ page = 2.

② 〔德〕彼得拉·克里斯蒂娜·哈特：《版权贸易实务指南》，上海：上海世纪出版集团 - 上海人民出版社，2009，第25页。

次演绎和开发。这种版权权利的多层次开发，不仅体现于国内、国际市场的开发与维护，而且还成为欧洲出版企业版权收入的重要来源。

①版权权利内容的多层次开发

欧洲出版企业对版权的多层次开发，以下几种权利交易较为常见。一是平装书版权（Paperback Rights）。欧洲出版企业和美国出版企业一样，在出书时也奉行“先精后平”的出版策略，在精装书出版一定时期后（一般为一年）再卖掉平装书版权以获得更多的市场收益。二是合作出版权（Coedition Rights）。这种出版方式使得欧洲出版企业不仅控制母本的版权，而且还控制外文版权以及外文版的印刷权，因此成为一种开拓海外市场的有效方式。三是形象使用权（Merchandising Rights）。即允许其他商品或媒介使用书中的人物或动物形象，如在文具、玩具、食品、服装等商品上使用，在这方面，使用方一般向出版社支付其销售额的6%至15%，据估计英国通过这种途径在全球获得的收益每年为700亿美元[①]。四是翻译权（Translation Rights），大部分国际版权贸易都以此为主。五是影视录像改编权（Film，TV and Video Rights），这种权利演绎数量相对较少但收入却惊人，有时可达数百万美元。六是报刊连载权（Serialisation Rights），包括第一连载权和第二连载权。七是多媒体版权（Multimedia Rights），也称为电子版权，目前包括有声读物等对版权作品多媒体开发，已经成为欧洲各大出版企业的重要发展战略。

就作品版权权利开发来看，《哈利·波特》系列尤为经典。英国布鲁姆斯伯里出版社（Bloomsbury Publishing）在促销《哈利·波特》时，就采取了开发衍生版权进行交叉促销的手段。《哈利·波特》这部英国出版的图书，其版权演绎在英美等国以至全球都取得了成功。图书各种版本面市即空，伦敦Heydey电影公司（华纳兄弟公司的合作伙伴）买下了作品电影改编权。而接下来“哈利·波特”玩具的许可证又授予了Mattel公司和Hasbro公司，Mattel公司生产了一系列根据小说、电影角色形象制作成的玩具，Hasbro公司则推出“哈利·波特”电动玩具、收藏卡片和糖果。此外，兰登书屋音频公司推出了一些衍生电子产品，如《哈利·波特和男巫的石头》的缩写本由英国老牌电影演员吉姆·

① 《英国版权交易种类》，《中国图书商报》2001年9月6日。

戴尔朗读而且巫术经处理后颇具震撼效果。前三本《哈利·波特》系列电子书籍，在2001年累计销售额已经超过50万册，登上电子书籍排行榜。据美国《福布斯》杂志网站报道，随着哈利·波特系列小说、电影、DVD和其衍生商品在全球的热卖，“哈利·波特”俨然已成一个世界品牌，而且这一品牌的估价已经突破10亿美元①。类似的版权权利演绎涉及图书许多权利的开发：精装书版权、平装书版权、图书俱乐部版权、电影改编权、书中形象使用权、电子版权等。《哈利·波特》系列图书版权的立体开发，是欧洲出版企业对作品版权权利多层次演绎的杰出代表，为出版企业所取得的商业利益也相当巨大。

②国际版权市场的不断开拓

国际版权收入近年来成为一些欧洲出版企业的重要来源，因而在版权管理部门设立和版权内容推广等方面，欧洲出版企业都早早地把目光对准了国际版权市场。如英国出版企业有专门的部门负责开拓国际版权市场，相关人员将参加各个国际书展，同编辑会面并积极向他们主动销售英语小说的翻译版权。这一方式成为出版计划中不可或缺的一部分，其覆盖面从爱沙尼亚到巴西，从以色列到中国，几乎覆盖全球②。像英国DK这样的出版公司，其图书的主要销售完全依赖于国际市场，因而在编辑图书时就已经把国际版权问题纳入考虑。同时为了开拓国际版权市场，DK的版权工作人员不仅积极地参加能进行版权贸易的书展，同时还通过在各地设立的办事处以展开工作。如通过该公司的北京办事处，DK已经跟30多家实力较强的中国出版社建立了长期的合作关系。每当推出新书或准备推出一些新书时，都会把书目由办事处送给相关的出版社供挑选。对于计划推出的图书，还会征求中国出版商的意见，对图书进行相应的修改以适应中国市场③。另外，再如出版巨头贝塔斯曼在中国版权市场的开拓也是如此。他在北京设有办事处，在上海设有书友会，经常向十几家中国出版社发送版权书目以推进版权贸易项目，从而开拓版权市场。

---

① 《“哈利波特”已成为价值10亿美元的世界品牌》，http：//news. sina. com. cn/o/2005－03－21/223254230855. shtm。

② 《英国版权销售之路：只是单行线?》，《中国新闻出版报》2005年3月7日。

③ 陶明天：《对华版贸大有可为：访DK、贝塔斯曼版权部经理》，《中国图书商报》2000年9月8日。

此外，随着数字出版技术的迅猛发展，对数字版权海外市场的开拓也成为欧洲出版企业版权运营战略的重要内容。如企鹅出版集团与北京阿帕比（Apabi）技术公司签订了一份数字版权转让协议。根据该协议，阿帕比公司将负责企鹅出版集团在中国的电子书发行，企鹅出版集团2000种图书从2009年5月份起可以通过阿帕比公司的阅读软件CEB得到①。企鹅出版集团首席执行官约翰·马金森（John Makinson）称这是一个“里程碑”式的协议。通过这类的协议，企鹅出版集团的数字版权业务逐步开拓了海外市场，并且随着数字版权海外影响力的日盛，集团已经决定加大对数字版权业务的进一步支持。英国牛津大学出版社也十分重视数字版权的海外授权，如从2002年开始，牛津大学出版社曾先后多次到中国的名人公司进行考察，以决定授予其牛津词典系列版权的可行性。经过10个月市场、财务方面的考证期，最终双方签署了版权授予协议②。欧洲出版企业通过对自身版权产品的数字开发，再将这些数字版权通过版权贸易的方式输出到海外，实现了对版权权利内容的深层次开发与运营。

（3）欧洲出版企业的版权保护

欧洲出版商深知版权业务的整个流程始终应以版权保护为核心，因而当自身版权产品权益受到侵害或威胁时，他们会毫不犹豫地动用各种武器捍卫自己的权益。版权保护的方式，既有通过诉讼以获取版权保护的法律支持，也有通过建立反盗版网站等方式以获取版权保护的技术支持。

通过法律诉讼实现版权保护是欧洲出版商经常采用的手段。如出版《哈利·波特》系列小说的英国出版商布卢姆斯伯里以及该书作者罗琳，就经常运用法律诉讼维护版权。2007年，罗琳将著名拍卖网站eBay告上法庭，指有不法人士在eBay的印度网站拍卖未经授权的《哈利·波特》电子作品，得到印度法院认可并成功取得禁制令，禁止《哈利·波特》小说在eBay网上非法拍卖，eBay因此要在其网站内删除所有《哈利·波特》的盗版作品。此外，罗琳起诉密西根的RDR

① 本刊编辑部：《企鹅出版集团与中国签订电子书协议》，《出版参考》2009年第9期。

② 刘丽娟：《牛津擅长的游戏：与牛津大学出版社总监安·罗森博士谈版权贸易与出版社的商业化》，《商务周刊》2003年第19期。

Books 出版社要求停止出版 Steven Vander Ark 的《哈利·波特词典》(Harry Potter Encyclopaedia)[①]。被告 Steven Vander Ark 是一位"哈迷",他是在运行一个很受欢迎的波特迷网站之后写的这本书,计划出版《哈利·波特词典》以便读者阅读和理解《哈利·波特》系列,结果被告上法庭认为侵犯版权并最终败诉。2008 年 4 月,英国剑桥大学出版社、牛津大学出版社和赛奇出版社起诉美国乔治亚州州立大学几位校级高管。三家出版商认为该校鼓励师生使用未经许可的数字版权材料,特别是通过 Eres(学生可以通过这个带有密码保护的界面复制课程资料)和 uLearn(教授可以通过这个系统复制散发教学纲要和阅读材料)系统,已经完全超出合理使用的性质[②]。法院最终支持了出版商的主张,校方也同意采取相应的版权限制技术措施。

对版权作品加强技术保护也是欧洲出版商常用的版权保护手段。随着近年来数字出版业务的迅猛发展,数字版权管理(Digital Rights Management,DRM)技术也得以快速发展并得到欧洲出版商的广泛使用。出于版权保护的现实需要,现在欧洲出版商在数字版权保护领域开展了进一步的合作。由英国出版商协会于 2009 年 1 月启动的一个反盗版网站,就是为应对数字化时代的网络盗版推出的最新举措。在这个专业反盗版网站上,出版商只要点几下鼠标就可以将盗版者记录在案并使其遭受制裁。如果出版商发现网络上的内容有侵权嫌疑,就可以在该网站上输入这些盗版内容的链接。于是网站会自动向这些盗版内容的提供商发出警告,如果某家网络内容提供商连续遭到警告,将被定为反复盗版者,并承担法律责任[③]。出版商协会的所有成员都可以通过出版商协会的主页进入这家网站并免费使用,而非出版商协会成员则需要支付一定的费用。这类防盗版网站的启动,意味着出版商可以以更加方便、统一的形式打击盗版者,从而维护自身的合法权益。

---

① Anonymous. Harry potter case sets precedent for publishers: expert; AAP General News Wire. Sydney: Sep. 10, 2008.

② Jennnifer Howard. In court, a University and Publishers Spar Over "fair use"; the Chronicle of Higher Education, Washington, Mar. 14, 2010.

③ 晓宣:《英国反网络盗版网站新年后启动》,《出版商务周报》2009 年 1 月 2 日。

## 3.3 欧美出版企业版权战略管理对我国出版企业的启示

纵观欧美发达国家出版企业的版权管理，可以发现很多值得学习借鉴之处。具体而言，我们可以在以下几个方面有所启示。

### 3.3.1 我国出版企业应推动出版行业协会对政府提出更多的政策诉求

欧美等国的政府非常重视出版企业版权的保护与开发，并通过相应的政策和法规将其对版权工作的重视落实下来，从而为出版企业版权管理的顺利展开提供了宏观保障。而这些制度保障的产生，大都来自代表出版商利益的出版行业协会对政府的不断诉求。无论是美国出版商协会，还是欧洲各国的出版商协会，在涉及出版商利益或关乎出版企业版权事业发展时，都会为出版商大声疾呼以获得更有利的政策支持。

因而我国出版企业版权战略管理工作的推进，首先需要明确版权管理对出版企业发展的重要性，明确政府宏观政策给予的制度背景对出版企业版权业务发展的重要性。因此要积极通过出版行业协会等代表组织，向政府提出更多适应版权产业发展环境的政策诉求，从而为出版企业版权战略管理提供有力的制度保障。

### 3.3.2 我国出版企业应建构科学的出版企业版权战略管理体系

欧美出版企业版权战略管理体系的建设，为版权业务的顺利开展提供了体制上的支持，因而我国出版企业也应加强版权战略管理体系的构建。

（1）构建专业版权管理部门

欧美出版商十分注重版权战略管理体系建设，大都设立了专门的版权管理部门来推进企业版权业务的发展。这些版权管理部门宏观上参与出版企业整体业务发展，在版权资源利用等方面为企业规划献计献策，制订相应版权管理制度以指导企业版权业务，从而为出版企业长期可持续发展提供版权支持。

与此相比，我国出版企业对版权重视程度相对不足。比如，很少有专门负责版权工作的部门和人员来展开版权方面的工作。出版社中从事版权工作的人往往是以兼职的状态出现，大部分是由总编室从事编务的人员分管。很少有出版企业站在战略的高度来开展版权业务，这也直接导致了我国绝大多数出版企业版权运营能力薄弱。

因此，我国出版企业应当高度重视版权工作，真正意识到版权对于出版企业生存和发展的重要意义。有条件的出版企业应当设置专门的版权部，负责统筹整个出版企业的版权工作，制定符合企业整体发展规划的版权战略规划与具体制度，培养优秀的版权人才队伍，为企业营造有利的版权环境。

（2）构建鲜明的版权文化

欧美出版企业，特别是一些大出版集团已经普遍出现了一种以版权活动为核心的战略发展模式，具体体现在其把版权作为企业发展最重要的核心资源。企业的发展主要围绕如何对版权进行科学管理而展开，可以将其称为欧美出版企业的“版权文化”。在这些大出版集团中，中高层管理人员真正意识到企业版权业务的战略化管理是出版企业长期健康发展的关键，而不仅仅是版权部门的工作，它需要出版企业相关部门共同参与。而在这种将版权视为出版企业发展核心动力的版权文化背景下，欧美出版企业的相关部门在各个出版环节中高度重视版权业务，在具体的版权业务中才能够坚持尊重作者、合作共赢等版权管理理念，也最终促进了出版企业对版权的全面保护与开发。

相比而言，我国出版企业由于转企改制不久，尚未彻底的市场化转型，未能完全激发管理层对版权重要性的深层次思考。因而在对待版权的态度上，大多数出版企业常常是不求有功但求无过，亦即尽量不侵权。至于版权的深度开发与运营，大多数出版企业的内在与外在条件似乎都还不具备。然而欧美出版企业的发展现实告诉我们，从长远来看，版权资源的维护与开发是出版企业生命力所在，也是出版企业能否具有国际竞争力的重要所在。因此，我国出版企业必须尽快明确版权对企业发展的重要意义，要重视出版企业版权文化的构建。而构建出版企业的版权文化，首先要加大对版权管理工作在人力和物力上的支持，增强版权部门对出版业务的领导力以促进版权知识的普及；其次要加大对出版企业员工版权业务知识的不断培训，强化员工对“版权资源是出版企业核心动力”这一版权管理理念的认同；此外，在版权获取和版权销售过程中要尊重和维护作者的版权，要以服务者的态度去开发与运营版权，从而在与作者的交流中形成良好的版权服务习惯。

（3）构建版权管理信息平台

欧美出版企业非常重视版权信息工作。在信息社会，版权资源的获取、版税谈判的胜负、版权保护的执行等都以版权信息的有效供给作为基础。一个细致全面的版权信息系统，在版权获取中能够让版权管理者迅速找到好的版权资源从而启动版权项目，也可以使版权管理者迅速做出决策以给出谈判的筹码，同时版权管理者也能根据信息系统的数据反馈测算版税的多少或者预测市场是否有盗版存在。可以看出版权管理者主要依靠准确全面的信息系统来进行日常的版权管理工作，而信息的准确与快速，也最终影响整个出版企业的发展。

鉴于此，我国出版企业也应当建立版权信息平台，注重与本企业发展相关的版权信息的采集与分析工作。这不仅能够帮助出版企业充分了解国内外专注同一类型出版物的企业发展状况与经验，而且能够为版权业务的长期展开积累资源，也能为出版企业在版权业务的具体环节提供数据参考和服务。

### 3.3.3 我国出版企业应强调版权业务的运营策略

欧美出版企业不仅具备相对完备的版权管理支持体系，而且在具体版权业务环节中也有很多经验值得我们借鉴。

（1）注重版权获取的全面性

前文述及，美国版权法重视保护“版权所有者”，而大部分欧洲国家版权法侧重于保护“作者”权益。然而，尽管欧洲与美国出版企业版权管理的制度背景在一些细微之处有所不同，二者在版权获取阶段所采取的策略都是在尊重作者权益的基础上力求对版权资源的全面性获取。这一特征在近年来表现尤为明显，尤其是随着数字阅读市场的逐渐扩大，欧美等国的作者阵营和出版商阵营之间常常因数字版权的归属而争执不休。出现争执的原因，在于大部分出版商与作者签订合同时从技术发展层面来看尚无数字版权这一概念，而随着数字版权市场的逐步发展，作者阵营对出版商给予自己25%的分成感到无法容忍，因而出现一方面作者跳过出版商直接将电子书等数字版权授权给亚马逊（Amazon）等数字平台，而出版商阵营则宣称这种行为伤害了自己的合法权益，甚至如兰登书屋等大出版商宣称拥有所有库存书的数字版权，从而使双方的争执进一步加剧。但这种争执局面益发促使欧美出版商坚定了版权获取阶段的全面性原则，甚至一些出版商在与作者签订合同中就写明，如果由于技术发展等外在因素而出现一些未知的权利，出版商也有权使用，当然这种使用要以与作者分成的形式来实现。这种类似的“补遗合同”可以说是欧美出版商坚持版权获取全面性的突出体现。

就我国出版企业而言，在版权获取阶段也应尽量追求全面性。全面性的版权获取，能够为后期的版权开发提供坚实基础，使整个版权产业链的运作顺利展开。当然，追求全面获取版权要付出一定的版税从而加大了出版成本，所以目前不是每一个出版社都一定要获取作者的所有版权。不同类型、不同层次的出版企业，针对不同的作者或作品，应根据自身情况以决定获取版权的种类、时间与地域。尽管如此，应该强调的是，所有的出版社都应在版权获取过程中明确全面有效地控制版权对于出版企业发展的战略意义，并向这个目标不断努力。

（2）注重版权开发的多元性

欧美出版企业重视版权资源价值的多元化开发与运作。不仅版权产品的翻译权、复制权、发行权等常见权利得以开发，很多诸如连载权、有声读物版权、电影版权、形象使用权、俱乐部版权等附属版权同样开拓了非常广阔的市场。甚至一些出版企业的版权产品产业链开发，已经超出了版权法所能调节的范围，在商标、专利等版权相关权利领域也开展了深度开发。此外，欧美出版企业在国际版权市场的广泛开拓也令人瞩目。他们在国际版权贸易市场上的垄断地位，不仅为出版商赚取了巨额利润，同时还在不断传播其所主导的文化价值观，从而经过长期地宣传使他们所推崇的价值观得到更为广泛的认同，成为世界文化的所谓主流，而这又进而推动欧美出版企业相关文化产品的版权输出与扩张。

反观我国出版企业，对版权资源的重要性认识相对不足，在出版实践中很少能对版权产品进行多环节、多层次地商业开发。我国出版企业的很多版权产品，往往只停留在版权价值链的原始雏形——图书形式，对整个版权价值链的开发关注过少。这样的关注即使存在也力度不够。像《哈利·波特》系列、《魔戒》系列、《穷爸爸　富爸爸》系列等版权产品从图书到工业产品对版权价值链的系统开发，在国内难得一见。可以说，对于版权价值链的不完全开发是对版权资源的极大浪费。因而，我国出版企业应努力加强对版权资源的深度开发，探索打开版权资源这座富矿的有效途径。

（3）注重版权保护的严谨性

严谨的版权保护是版权价值链得以展开的基础。欧美出版企业从版权获取阶段对作者权益的尊重与维护，到版权销售阶段善用诉讼等手段维护权益，整个版权业务环节都体现出版权保护的严谨性。在版权获取阶段，欧洲出版企业在尊重和维护作者利益的前提下通过协商获得版权资源，坚持严格保护作者权益；在版权产品加工阶段，严格按照合同规定执行，同样保证了版权拥有者的权利；在版权销售阶段，当版权产品被侵权时采用诉讼等手段维护权益，体现了版权销售过程中对版权的严谨保护。而在诸多版权保护手段中，两种方式较为常见，一为法律诉讼，二为技术保护。欧美出版企业经常采取诉讼的方式以显示其维权的决心，无论是高校对教材的非法复制，还是一些商业网站对数字版权的非法销售，欧美出版企业经常毫不犹豫地将对方告上法庭。即使是发生在国际领域的类似版权争端，欧美出版企业也经常自己或委托出版商协会出面来维护自己的版权。此外，采取技术保护也成为欧美出版企业维护数字版权的主要手段，如在版权产品中附加防盗版技术，甚至一些出版商联合起来创设了一个反盗版网站，利用现代网络技术以服务于版权保护。

相比之下，我国出版企业的版权保护现状不是十分乐观。作为开发版权资源的出版社，有时甚至成为侵害他人版权的主体。比如，重庆出版集团出版企鹅经典版《复活》一书，尽管发出版权信，但未见回音便想当然地出版了，其结果必然侵权[①]。尽管国内出版社饱受盗版问题困扰，但在维护自身版权方面，国内能够通过法律诉讼手段举起维权大旗的出版社仍然相对较少。其原因无外乎是“花钱多、见效慢、人难找、赔偿少……”种种不一而足原因打消了出版社将版权保护进行到底的信心，也凸显了出版企业版权保护的不严谨。这种情况反而助长了盗版行为的益发泛滥，从而形成恶性循环。因此，我国出版企业应坚持绝对严谨的版权保护，保证出版活动的顺利展开。

---

① 姜妍：《“企鹅经典”版〈复活〉惹纠纷：出版2年未授权》，《新京报》2010年7月8日。

# 4　出版企业版权战略的制定

在知识经济时代，越来越多的出版企业意识到版权资源的开发与运营日益成为国际竞争的关键。著名的咨询公司波士顿咨询公司，在一份研究报告中曾指出："中国正在经历快速的经济发展与现代化的进程，知识产权对经济的强盛日益重要。中国最成功的企业是那些建立了内部能力来创造并管理宝贵的知识产权宝库的企业。"① 因此，我国出版企业要意识到，只有发展版权业务、保护版权资源，才能使我国出版企业在国际文化竞争中立于不败之地。而如何制定适合于我国出版企业发展的版权战略，也就成为当前必须面对的问题。总体来说，企业版权战略的制定，要注重整体性和系统性。因而在出版企业在制定发展企业版权业务的战略规划时，首先要全面分析企业版权战略管理所处的具体环境，进而明确在以后的版权业务中所坚持的战略原则。然后，根据出版企业的发展阶段特征提出针对性的版权战略模式。

## 4.1　我国出版企业版权战略的制定环境分析

出版企业版权战略的正确制定，从根本上取决于对企业自身版权业务内、外部条件的深入分析与全面总结。一般而言，企业战略环境分析方法主要有雷达图法、产品评价法、战略要素分析法和SWOT战略分析法等。其中SWOT战略分析法不仅实用价值较大，而且易于操作，因而应用较为广泛。这种分析方法能够将出版企业内部条件的优势（Strength）与劣势（Weak），外部环境的机会（Oportunity）与威胁（Threaten）用一个矩阵图加以对照，可以从出版企业内外部环境条件的相互作用中作出比较客观深入的分析评价，从而为出版企业的战略决

① 马一德：《中国企业知识产权战略研究》，北京：商务印书馆，2006，第82页。

策制定提供较为客观系统的支持。

### 4.1.1　我国出版企业版权战略管理的优势

从内部条件来看，我国出版企业的核心优势主要是丰富的优质的内容资源、作者资源和广泛的读者认知度以及拥有素质过硬的编辑力量①。这些优势的存在，保证了出版产品从选题到审稿再到编辑加工的高效率与高品质，也奠定了出版企业版权战略管理的坚实基础。

（1）内容资源优势

出版企业版权业务的战略化管理，核心内涵在于对出版产品内容的市场化开发，因此“内容为王”在版权业务战略化管理中仍然非常重要。而我国出版企业虽然在版权业务整体性战略开发方面存在不足，但在版权内容资源方面却占有着充分的优势。

出版企业内容资源优势突出体现为企业追求中华文化传承而积累的大量优质出版物。中华文化，上下五千年不断传承，出版业在文明传承与知识创新中做出了不可泯灭的贡献的同时，也为企业自身积累了丰富的优质内容资源。而且这些表现历史延续、文化变革的出版资源，其文化内涵及哲学思想将会随着时代变迁显得益发珍贵，也将越来越为市场所重视，因而也就成为出版企业潜在的战略化开发的版权资源。即使在数字出版快速发展的今天，那些拥有庞大内容资源的传统出版商依然扮演着重要的角色。如在中国出版集团公司新版网站上，囊括了全集团出版单位的7万余种书目、44种期刊、5种报纸、10余家单位的电子音像制品、17万余种电子样本数据、国外500余万种出版物信息等内容资源②。从中国出版集团所公布的数据可以看出，其内容资源丰富多样，不仅具备巨大的数字出版潜力，而且也完全能够支持企业版权业务的战略化运营。

（2）作者资源优势

我国出版企业版权战略管理的优势还体现在对于作者资源的占有方面。

出版企业能否取得成功尽管有很多的因素，但其中最为关键处就看

① 《传统出版企业优势是有优质的内容资源》，《新闻出版报》2011年9月2日。

② 徐楠等：《中国出版集团数字战略：内容是王道》，《北京商报》2010年4月12日。

能否拥有一批高水平的作者，甚至说作者是出版企业的“衣食父母”、是出版企业的“上帝”也不为过。如中国近代出版史上曾经叱咤风云的亚东图书馆，从一家很小很穷的独资经营的书店，发展成为一家富有特色的出版社，这其中很大程度上得益于诸多知名作者的鼎力支持。亚东出书数量总共不过 300 种，但名家的作品几乎占了 1/3，如蔡元培、钱玄同、陶孟和、刘半农、吴虞、陆侃如、俞平伯、朱自清、孙楷第、顾颉刚、徐志摩、康白情、高语罕、李季、蒋光慈、阿英、洪灵菲等都在亚东出版过作品。胡适的许多重要著作，像《胡适文存》《胡适文存二集》《尝试集》《短篇小说》等，都是在亚东出版的①。国外知名出版企业同样重视作者资源，其突出特征是当你到访出版企业大楼时，让你震撼的不是楼有多高、装修有多么豪华气派，而是你会发现这家出版企业曾经出过如此众多世界知名大家的作品。如法国阿歇特出版集团旗下的伽里玛出版社、德国的苏尔坎普出版社都在出版社进门的大厅里，最显眼的位置摆放着出版社所拥有的著名作者的大幅肖像。可以看出作者资源对于出版企业发展的重要性。

相较于新媒体出版企业而言，我国一些传统出版企业拥有一批优秀的作者资源，而且这个队伍正在不断扩大。对于优秀作者的发现及培养，一直以来都是出版企业的重要工作。在计划经济时代如此，在市场经济时代出于企业经济效益的刺激与市场需求，出版企业更加重视建立优秀的作者队伍以提升核心竞争力。有时候，优秀作者就是出版企业最有影响力的品牌，如长江文艺出版集团有二月河，重庆出版集团有王立群，春风文艺有郭敬明。而这些代表性作家同出版企业的愉快合作也会进一步鼓励更多的类似作者向其集聚，为出版企业建立优秀的作家群，从而为出版企业版权资源的战略化管理提供源源不断的创作动力。

（3）读者资源优势

受众即市场作为传播学的理论同样适用于出版企业，这意味对读者资源的充分占有将使得出版企业在版权开发过程中会获得市场的青睐。我国出版企业的读者资源优势，源自其长期以来坚持推出的精品出版物，使得广大读者在文化意识层面予以认同，如某家出版企业擅长出版

① 周百义：《站在巨人的肩膀上——编辑对作者资源的开发与建立》，《编辑学刊》2006 年第 6 期。

某种作品，并且本本俱佳，就能形成品牌，获得针对性读者的认同，进而形成阅读情感的期待。事实上，我们买不同类型图书如教育、大众、学术等都会寻找特定的出版社，其原因就在于我们已经认同这些出版机构的能力，成为这一类图书出版机构的忠实读者。

尤其是对知识精英阶层而言，我国出版企业长期以来坚持的文化传承使命，使得大部分文化知识读物以精品形式出现，其丰富的内涵和深邃的思想已经征服了几代人，因而相比新媒体出版物而言，无论在内容表达方式还是在思想表达深度方面，都拥有巨大的优势。此外，我国出版企业数量相对而言比较固定。这种固定的出版业态虽然不符合市场化的出版发展规律，但在培养读者忠实度方面已经起到了不可估量的作用。因而，我们可以认为，我国出版企业版权业务战略管理的一大优势就是体现在拥有丰富的读者资源。

（4）编者资源优势

我国出版企业在长期的出版实践中，培养了大批优秀的编辑出版工作者，尤其是培养了一批业务精湛的优秀编辑。出版企业版权业务的战略管理，在版权获取阶段需要编辑发现优秀的选题、作者；在编辑加工阶段需要重视作品的版权保护；在版权开发过程中需要编辑帮助市场开发人员明确目标市场。因而，优秀编辑队伍不仅能够保证版权产品的高质量出版，更重要的是在整个版权开发产业链过程中展现专业、负责的精神，从而为出版企业版权业务的战略化管理提供有力的智力支持。

### 4.1.2 我国出版企业版权战略管理的劣势

从目前版权业务实践来看，我国出版企业在版权战略管理方面存在以下不足。

（1）缺乏整体化的版权运营意识

版权可以运营并且能够为企业赢得巨大利润，这种认识多是我们学自国外出版巨头。而中国出版业由于长期处于计划经济模式之下，日常的出版任务主要围绕政治服务、文化教育等目的展开，以至在出版环节经常忽略版权问题。也就是说版权保护尚且难以坚持，更不用说版权运营了。随着 20 世纪 90 年代国内一些版权法律法规的出台以及系列国际版权公约的相继加入，版权保护渐渐提上日程，虽然任重而道远但毕竟已经开始了征程。相比而言，由于出版企业刚刚市场化转企，版权运营理念的缺失已经成为我国出版企业版权业务开发的重要短板。

如在国际版权贸易中，我国出版企业的信用问题常为外商所诟病，这就是版权运营意识缺乏的典型表现。如按照国际惯例，每本版权书再版之后都应该按时向版权公司呈报，至少每年应该呈报一次。但是国内许多出版企业并不遵守这一规则，有时还因为工作效率低下，出书周期过长，让版权代理机构进退两难。这不仅导致版权代理公司受到经济上的损失，作者受到版税的损失，出版企业自身不仅荒废了市场也耗费了大量人力、物力，而且更恶劣的影响还是致使中国在国际上长期蒙受不讲信誉的恶名。由此可以看出，当前我国出版企业对于版权运营意识的缺乏，不仅成为企业版权业务战略管理的重要障碍，也影响了整个版权产业的健康发展。

（2）缺乏专业的版权管理支持体系

出版企业版权战略管理的顺利展开，需要一个系统的管理体系作为运作机制。目前，我国大部分出版企业缺乏系统专业的版权业务战略管理支持体系。

在版权组织建设方面，笔者所作调查的 24 家出版集团中，在集团层面设置统一版权管理机构的只占所调查集团总数的 16.67%，在出版社层面采用专门版权管理机构的仅占所调查出版社总体样本的 1.84%，说明我国出版企业在版权管理机构建设方面的现状不容乐观。在调查 24 家出版集团下属 163 家出版社中，有 137 家仍然采用传统模式管理版权业务，即由总编室的编务人员管理版权事务，占总体样本的 84.05%。这种现象代表了我国大部分出版企业版权管理机构的现实，而本书第三章对国外出版企业的调查发现，大部分出版企业都设有专业的版权管理机构。相比而言，我国出版企业版权组织建设尚处于低水平阶段，不利于企业版权业务的战略化开发。

在版权制度建设方面，由于我国出版企业对于版权业务管理的长期忽略，很少有出版企业出台较为详细的《企业版权业务管理办法》，更谈不上出台关于企业版权获取、版权合同登记等细节性的版权业务管理规定。而制度层面的系统支持，能够指明企业版权业务的具体努力方向，是保证版权业务整体性开发的保证，因而对于企业版权战略管理影响巨大。

在版权文化建设方面，目前我国大部分出版企业在构建企业文化时并未将版权文化的构建置于核心地位，过于单纯地追求实体出版产品在内容和形式上的优秀，严重忽略了出版产品生产过程中知识产权文化建设。

在版权信息平台建设方面，由于我国出版企业尚处规模化发展的初级阶段，而且历史上就比较忽略信息平台建设，造成出版企业版权信息平台建设基本处于空白。虽然近年来随着数字出版的兴起，一些大型出版集团开始建设出版信息平台，但在版权保护、版权贸易信息服务方面的建设总体来看尚未得到重视。而从长远来看，出版企业版权战略管理需要了解整体信息，迅速做出战略性决策，从技术层面需要拥有强大的信息平台予以支持。因而我国出版企业版权信息平台的建设现状，在一定程度上影响了版权业务的战略化开展。

（3）缺乏专业的版权管理人才

版权贸易等业务的迅疾开展，不仅是我国出版企业快速转换角色、融入国际出版市场的形势需求，也是其有效树立形象，开拓国际市场的必由之路。然而，伴随着版权贸易等业务活动的逐步扩大和深入开展，一些不可回避的问题也日益凸显，诸如书刊商业运作模式尚欠规范，经济与文化发展还不能有效互动等，都困扰着致力于版权业务工作的业界人士。而其中尤为突出且迫切需要解决的是，专业人士的严重不足和青黄不接，特别是既懂经营又懂出版、既善于掌握市场又了解国际惯例、能够独立运用版权知识进行版权业务的复合型人才紧缺。目前，这一问题已越来越成为制约我国版权业务发展的瓶颈，在很大程度上阻碍了我国版权产业的进一步发展。

版权管理人才是一种复合型人才，应该具备综合性的高素质。作为版权业务工作者，应该了解整个出版流程，具有专业的出版知识，还应该掌握版权法、合同法、经济法等专业法律知识。另外，一个成功的版权经理人还应掌握相应的成本知识，具有一定的营销策划能力，而且在对外版权贸易过程中，版权贸易工作者的外语能力显得尤为重要。英国著名版权经理人莱内特·欧文认为版权贸易人员应该具有以下 12 项素质：①能判断每个出版项目的销售潜力；②增加并积累他们要销售的项目的具体信息；③增进并保持对外国市场的了解；④热情与技巧；⑤版权知识；⑥语言；⑦出色的人际交流能力；⑧熟悉整个出版流程；⑨具备卓越的计算能力；⑩同时处理一系列不同的谈判；⑪记忆力和统筹安排工作量的能力；⑫投入、耐心和活力。① 可以看出，版权管理人才是一种复合型人才，应该具备综合性的高素质。

而当前我国出版企业符合这种要求的版权管理人才相对较少。出版企业现职版权业务工作人员的来源方式可分为两种，一是引进，二是自己单位培养。一些实力比较雄厚的出版企业有能力聘请资深版权经理人开展版权业务，这种引进人才的方式虽然见效比较快，但也存在着合适对象难寻、引进者忠诚度不高等问题。有些出版企业从长远考虑，开始在青年编辑中培养版权业务人才，选拔优秀人员到国外进修、出国参加国际书展等方式进行锻炼。但第二种方式培养的版权业务人才多为半路出家，专业背景较为复杂，在从事版权贸易这种复杂性工作时往往会出现在一些专业问题上的短板。在我国版权产业逐步进入成熟规范并开始呈良性发展时，这样的版权人才状况显然不符合战略化发展要求。

### 4.1.3 我国出版企业版权战略管理的机遇

从出版企业外部发展环境来看，我国出版企业也存在开展版权战略管理的机会，这种机会主要源自宏观的制度层面和产业层面的有力支持。

(1) 相对完备的版权法律体系为出版企业提供制度支持

自1990年以来，我国积极制定版权保护领域的法律法规。目前，已经建立了比较完备的版权法律体系，能够为出版企业的版权战略管理提供制度支持。

我国版权保护立法活动始于20世纪70年代末。1979年，时任中共中央秘书长、中宣部部长的胡耀邦同志，在国家出版局上报的关于制定版权法、建立版权管理机构的报告上批示："请你们尽快着手，组织班子，草拟版权法"，② 从而拉开了我国建立现代版权制度的序幕。1985年7月25日，国务院批准设立国家版权局，主管全国的版权管理工作，协助立法组织起草版权法和有关法律、法规，并负责监督实施。这极大

---

① 〔英〕莱内特·欧文：《中国版权经理人实践指南》，北京：法律出版社，2004，第121页。

② 石宗源：《深入学习贯彻十六大精神全面开创版权保护工作新局面》，《中国出版》2003年第4期。

地推动了我国版权立法进程。自20世纪90年代，我国对外版权保护立法进入了一个迅速发展的阶段。现阶段我国版权法律法规既包括国内版权保护和版权管理法律法规，也包括我国参加的国际公约或缔结的双边（多边）协议。

①版权法律和行政法规

我国1982年制定的《中华人民共和国宪法》的部分条款规定了公民享有从事创造性活动的权利，1986年《中华人民共和国民法通则》的部分条款则进一步规定了公民享有著作权，1990年9月，第七届全国人大常委会第十五次会议审议通过了《中华人民共和国著作权法》，并于1991年6月1日颁布实施，由此改变了新中国成立以来在版权保护方面长期没有专门法律的局面。1991年，国务院又相继颁布实施了《中华人民共和国著作权法实施条例》《计算机软件保护条例》。1997年7月，第八届全国人大第五次会议审议通过的新修订的《中华人民共和国刑法》新增了侵犯著作权犯罪的内容。这些法律和行政法规的颁布实施，不仅奠定了中国版权法律制度的基础，而且标志着中国现代版权法律体系架设基本完成。2001年，适应我国市场经济体制改革和全球经济一体化发展的需要，我国政府对有关版权法律法规进行了全面的修订，并于2010年再次部分修订。修改后的著作权法及与其配套的实施条例，完善了著作权人的权利，加强了著作权法的保护和执法力度。此外，国务院于2004年12月28日颁布了《著作权集体管理条例》，并于2005年3月1日实施。而后随着《信息网络传播权保护条例》的出台，我国版权法律的“6+1”体系日臻实现，我国的版权保护从形式到内容更加完备和成熟，更加符合我国社会主义市场经济和国际贸易规则的要求。

②版权规章

中国国家版权局在对版权进行管理的过程中，先后制定了一些部门规章以弥补我国法律法规的不足，对著作权实行尽可能的全方位保护。刚实行著作权法不久，我国为实现对著作权的有效管理，制定了著作权登记制度。为维护作者或其他著作权人和作品使用者的合法权益，1995年1月1日起《作品自愿登记试行办法》开始实施。这有助于解决因著作权归属造成的著作权纠纷，并为解决著作权纠纷提供初步证据。1996年9月23日，根据《中华人民共和国担保法》有关著作权质押合同登记的规定，制定了《著作权质押合同登记办法》。1999 年 6 月 1 日，为保护文字作品作者的著作权，维护文字作品出版者的合法权益，促进文字作品的创作与传播，制定了《出版文字作品报酬规定》。为规范著作权行政管理部门的行政处罚行为，保护公民、法人和其他组织的合法权益，根据《中华人民共和国行政处罚法》《中华人民共和国著作权法》和其他有关法律、行政法规，2003 年 7 月 24 日，国家版权局公布了新修订的《著作权行政处罚实施办法》。为了加强互联网信息服务活动中信息网络传播权的行政保护，规范行政执法行为，国家版权局与信息产业部联手制定了《互联网著作权行政保护办法》。这一系列部门规章的制定与实施，使我国版权保护工作在具体实施过程中有明确的章法可循，可以让著作权所有者都能公平地得到版权法律的最终保护。

③司法解释

在我国，司法解释相对于法律条文更能具体、清楚地体现法理的追求，所以在司法实践中司法解释常常为执法者直接引用为法律依据。目前涉及著作权的司法解释主要有四个：《最高人民法院关于审理涉及计算机网络著作权纠纷案件适用法律若干问题的解释》（2000 年 11 月 22 日最高人民法院审判委员会第 1144 次会议通过 据 2003 年 12 月 23 日最高人民法院审判委员会第 1302 次会议《关于修改〈最高人民法院关于审理涉及计算机网络著作权纠纷案件适用法律若干问题的解释〉的决定》修正）；《最高人民法院关于审理著作权民事纠纷案件适用法律若干问题的解释》（2002 年 10 月颁布）；《最高人民法院、最高人民检察院关于办理侵犯知识产权刑事案件具体应用法律若干问题的解释（一）》（2004 年 11 月颁布）；《最高人民法院、最高人民检察院关于办理侵犯知识产权刑事案件具体应用法律若干问题的解释（二）》（2007 年颁布）。

④我国参加的国际版权公约和双边（多边）版权协议

我国在 1992 年 10 月 15 日、10 月 30 日先后成为《伯尔尼公约》和《世界版权公约》的成员国，随后又于 1993 年 4 月 30 日加入了《保护录音制品制作者防止未经许可复制其录音制品公约》（简称《唱片公约》），2001 年加入 WTO 后也就自动接受了 TRIPS 的有关规定。至此，我国成为了国际版权保护体系中一个重要的成员。根据三个公约和

TRIPS 所规定的版权保护“国民待遇”原则，我国已经实现与有关成员国之间版权的相互承认与相互保护。这些版权公约的加入，为我国涉外版权贸易的开展提供了广阔的发展空间和有力的法律保障。此外，我国还与一些国家就版权保护签订了双边或多边协议。比如：《中国政府与美国政府关于保护知识产权的谅解备忘录》于 1992 年 1 月 17 日颁布实施；1995 年国家版权局与泰国商业部签署了《版权和邻接权合作谅解备忘录》，1996 年双方进一步签署了《版权和邻接权合作行动计划》。这些协议，明确了我国与所签约国之间互相给予版权保护，使得双方之间版权贸易的开展更加广泛而深入。

⑤现行侧重版权业务管理的制度

版权管理是指国家有关机构或社会有关组织，采取与本国国情相适应的管理模式和管理手段，对版权行使过程中的授权、侵权、救济等行为进行宏观协调和监控管理，以保护作者、版权人以及与版权相关的出版者、表演者等作品传播者的合法权益。从而保证版权法被切实有效地贯彻执行，维护国家法律的严肃性和完整性①。有效的版权管理制度客观上能为出版企业版权业务战略管理，创造一个良好的外部环境。表 4－1所列内容即为目前我国有关版权业务管理的部分规定。

**表 4－1　我国有关版权业务管理的部分规定**

| 管理内容 | 文件名称 | 制定机构 | 时间 |
| --- | --- | --- | --- |
| 对外合作出版 | 《加强对外合作出版管理的暂行规定》 | 国家版权局 | 1981 |
| 涉外版权贸易合同 | 《关于认真执行对台、港、澳版权贸易有关规定的通知》 | 国家版权局 | 1990 |
| | 《关于版权贸易合同审核登记问题的补充规定》 | 国家版权局 | 1990 |
| | 《关于对复制境外音像制品委托合同进行登记的通知》 | 国家版权局 | 1994 |
| | 《关于对出版境外音像制品合同进行登记的通知》 | 国家版权局 | 1995 |
| | 《关于对出版外国图书进行合同登记的通知》 | 国家版权局 | 1995 |
| | 《关于出版境外音像制品著作权合同登记工作有关问题的通知》 | 国家版权局 | 1999 |

① 张美娟：《中外版权贸易比较研究》，北京：北京图书馆出版社，2004，第 12 页。

续表

| 管理内容 | 文件名称 | 制定机构 | 时间 |
| --- | --- | --- | --- |
| 著作权认证机构 | 《国外著作权认证机构在中国设立常驻代表机构管理办法》 | 国家版权局、国家工商局 | 1996 |
| 涉外版权代理机构 | 《著作权涉外代理机构管理暂行办法》 | 国家版权局、国家工商局 | 1996 |
| | 《关于加强涉外著作权贸易代理机构管理的通知》 | 国家版权局 | 1997 |

从上述版权法律法规可以看出，国内版权法律制度为我国出版企业版权业务的开展提供了必要的前提和法律保障。国际版权公约和双边及多边版权协议的加入，实现了我国与众多国家间版权相互承认和保护，为出版企业开展国际版权业务提供了坚实基础。

（2）文化兴国战略为出版企业提供产业支持

我国近年来不断推出的文化产业扶持政策，不仅有力推动了文化产业的整体发展，而且为出版企业市场化深入转型提供了积极的产业环境。

①国内文化产业方兴未艾

积极的产业政策成为我国文化产业振兴的坚实基础。自 20 世纪 90 年代起，欧美国家以及我国近邻韩、日等国先后提出并推进“文化产业兴国战略”，由此不仅促进了国内经济的战略转型，而且在国际文化传播中展示了强大影响力。21 世纪初，鉴于国内经济转型以及国际文化传播的双重战略需要，我国也开始出台一系列的支持文化产业发展的积极政策，而且扶持力度持续增加。2005 年，中共中央、国务院下发《关于深化文化体制改革的若干意见》，把深化文化体制改革的重点任务进行了系统部署；2006 年，中办、国办下发《国家“十一五”时期文化发展规划纲要》，明确了国家“十一五”规划时期文化产业发展的重点任务、重大工程和重要举措；十七大报告则从增强国家文化软实力、兴起社会主义文化建设新高潮、推动社会主义文化大发展大繁荣的战略高度，强调要大力发展文化产业；2009 年，国务院颁布《文化产业振兴规划》，系统提出了新形势下文化产业发展的指导思想、基本原则、目标任务、重点项目和扶持政策，把发展文化产业提升为国家战略；2009 年 4 月，商务部、文化部、国家新闻出版总署、广电总局与中国进出口银行联合出台《关于金融支持文化出口的指导意见》，提出鼓励金融行业支持文化产业的发展；2010 年 3 月，中办、国办转发《中央宣传部关于党的十六大以来文化体制改革及文化事业文化产业发展情况和下一步工作意见》，提出要把文化产业培育成为推动我国经济发展方式转变的战略性新兴产业；2010 年 4 月，中宣部、人民银行、财政部、文化部等九部委联合出台了《关于金融支持文化产业发展和繁荣的指导意见》，正式从国家政策层面提出了金融支持文化产业，开创了文化产业投融资工作新的局面；2011 年 10 月，中国共产党第十七届中央委员会第六次全体会议审议通过了《中共中央关于深化文化体制改革推动社会主义文化大发展大繁荣若干重大问题的决定》，正式部署“文化兴国”战略。

文化产业正在展示出巨大的经济贡献力。中国文化产业对国民经济增长的贡献不断上升，日益成为新的经济增长点。根据国家统计局 2011 年 9 月 16 日发布的报告，2010 年中国文化及相关产业法人单位增加值达 11052 亿元，占国内生产总值（GDP）的 27.5%。2004～2008 年间，文化产业法人单位增加值年均增长 23.3%，高于同期 GDP 年均增速近 5%[①]。有专家测算，在中央的大力支持下，若按照 GDP 年均增速 9% 来计算，到 2015 年文化产业增加值占比翻番则意味着届时文化产业规模达到 2.85 万亿元，是 2009 年末的 3.4 倍。以行业来看，图书出版行业去年销售收入为 2000 亿元，影视剧行业产值为 200 亿元，网游行业产值为 350 亿元，广告行业营业额为 2341 亿元，这些行业将是文化产业重点发展的方向。以地域来看，2010 年北京、广东、江苏、山东 4 省市表现尤为抢眼，文化产业增加值均已突破千亿元，其中北京市文化产业近年来风起云涌，通过转企改制、资源整合以及政策扶持等措施，文化创意产业已成为首都经济的重要支柱产业[②]。从这些数据和分析可以看出，我国文化产业的发展极具前景，这也为出版企业的市场化转型提供了坚实的外在环境。

②出版产业深化转企

---

① 李斌等：《中国百姓的文化生活越来越五彩缤纷：我国文化改革发展综述》，《中国青年报》2011 年 10 月 15 日。

② 侯亚薇：《中国开启文化强国之旅》，《北京商报》2011 年 10 月 17 日。

在我国的“十一五”规划时期，出版产业转企改制始终走在文化体制改革前列，制约发展的体制性障碍进一步消除，极大地激发了文化创造力。经营性图书、音像出版单位基本完成转企改制，1251 家非时政类报刊出版单位转制或登记为企业法人，10 多万家印刷复制单位、3000 多家国有新华书店完成转制，100 多家新闻出版企业集团成功组建。投融资体制改革取得重大突破，45 家新闻出版企业成功上市，总市值达到 5700 亿元。“十一五”时期累计生产图书 135.8 万种、338 亿册，是“十五”时期的 2 倍，精品力作不断涌现，文化创新和传播能力不断增强，版权相关产业增加值占到国内生产总值的 6.4%①。在出版产业深化转企政策的推动下，战略性新兴新闻出版产业在我国迅速崛起，一大批出版、印刷、物流和数字出版基地孵化能力不断增强，各具特色的区域产业集群基本形成。

出版产业的深化转企也为版权业务的发展提供了坚实基础。最明显的变化莫过于版权贸易引进输出比从 2005 年的 7.2：1 转变为 2010 年的 2.9：1，逆差明显缩小②。而且相关数据表明，我国输出版权的图书质量越来越高，内容越来越多元，输出的国家和地区也是在国际政治文化版图上越来越重要的国家和地区，这些都体现出我国出版体制改革取得的成绩。

### 4.1.4 我国出版企业版权战略管理的威胁

从外部环境来看，我国出版企业在拥有开展版权战略机遇的同时，也存在着一定的威胁。这种威胁，一方面来自国际文化贸易竞争背景下国际出版巨头进军中国所引发的版权领域的“跑马圈地”；另一方面的威胁，则源自随着技术发展所催生的数字出版企业对版权资源的激烈争夺。

（1）国际出版巨头在版权贸易领域的强势出击

在中国出版“走出去”过程中，正在市场化转型中的我国出版企

---

① 柳斌杰：《“十二五”时期新闻出版业机遇大于挑战》，《中国新闻出版报》2011 年 1 月 13 日。

② 王化冰：《从 1:7.2 到 1:2.9 我国版权贸易逆差正在逐渐缩小：出版业输出引进这十年》，《人民日报》2011 年 9 月 6 日。

业，在版权贸易领域面对的是国际出版诸强的强势竞争。欧美等发达国家的出版巨头，长期积累的市场化版权运作经验，使得在同中国出版商的版权交流中占尽优势地位。这一点可以从我国长期存在版权贸易逆差中得以显示。虽然近年来经过不懈努力，版权贸易领域的版权品种逆差有所好转，但版权贸易过程中所引发的经济逆差、文化逆差仍然存在，并且将在很长一段时间影响我国出版企业的国际影响力。

国际出版巨头在版权贸易领域的竞争力，突出表现为商业出版领域的强势。如果我们翻看近年来在中国具有巨大影响力的图书，经常会发现它们带有“引进版权”的色彩。无论是给中国儿童带来神奇魔法世界的《哈利·波特》系列，还是构架宏大魔幻世界被称之为西方《西游记》的《魔戒》三部曲，以及给中国读者予以财商启蒙教育的《穷爸爸　富爸爸》系列，其版权资源都是来自欧美国际出版巨头。出色的版权内容加上高度专业的市场化运作，展示了这些出版巨头巨大的版权运营能力，突出其在国际版权贸易竞争中的强势地位。这也预示着我国出版企业开展版权战略管理，将面临很多国际出版巨头的正面竞争。

（2）数字出版企业在版权运营领域的异军突起

出版企业版权战略的开展，除去需要面对国际出版巨头的强势竞争，也不得不面对数字出版企业这一新兴阵营在版权运营领域的竞争。

数字出版企业在版权领域对传统出版企业的冲击，主要体现为对版权资源的争夺。因为数字出版企业虽然具有优异的技术优势以及传统出版无法比拟的传播速度，但因其发展时间所限，优秀的版权资源较为匮乏，而这恰恰是传统出版企业的优势所在。然而我们经过调查发现，长久以来，很多传统出版企业在与作者签订出版合同时往往并未考虑到数字版权内容。因此，会出现传统出版企业仅拥有纸质出版物的授权，数字版权依然在作者手里，这也就为数字出版企业谋取优秀的数字版权资源提供了空间。由此而出现的版权争夺就会导致一种作品的纸质版权和数字版权各归其主的奇特景象。当这种版权分离现象出现时，传统出版企业不仅会丧失作品数字版权经营所产生的收益，而且纸质出版物的营销也为其竞争对手数字出版企业的数字版权运营，做出了事实上的广告。由此可以看出，出版企业的版权战略管理，在版权资源管理方面必将面临数字出版企业的有力回应。

通过上述分析，我们可以得出这样一个结论：竞争驱使强化战略管理，国内政策提供布局机遇。国外出版巨头在版权贸易领域的强势出击以及新兴数字出版企业在版权资源领域的激烈争夺，是出版企业在知识经济时代必然面临的竞争，也正是这种竞争压力要求出版企业练好内功坚持版权资源的战略化管理。而国内一系列扶持出版产业发展的政策，事实上为企业开展版权战略管理提供了良好布局机遇，出版企业应该发挥内容资源的优势，提升市场化运营能力，尽快制定企业版权战略并积极实施，以提升企业整体的市场竞争力。

## 4.2　我国出版企业版权战略的基本取向

出版企业版权战略的制定，必须要拥有统一的战略取向，才能保证出版企业版权战略的顺利制定及实施。参照相关知识型企业的知识产权战略构建，出版企业制定版权战略，必须要有明确的战略思想、清晰的战略目标。

### 4.2.1　我国出版企业版权战略的制定思想

战略思想是出版企业制定及实施版权战略的指导方针和理念，关系到出版企业版权战略的全局。结合发达国家出版企业以及我国部分企业知识产权战略发展状况，我国出版企业版权战略的制定应坚持以下指导思想。

（1）明确版权资源的核心战略地位

出版企业版权战略的制定，首先要明确版权资源是企业发展的核心动力所在。在出版企业众多资源中，版权资源所具有的创意性特征，使得版权产品在传播过程中产生越来越大的市场收益，而且这种资源不仅不会消减，而且会随着传播范围扩大而益发增值。因此，出版企业在制定版权战略时，明确版权资源的重要性是一个要始终坚持的战略原则。

（2）明确版权战略管理制度体系的重要性

出版企业版权战略的正确制定与实施，需要系统的版权管理制度体系作为支撑。这些制度体系不仅能够为企业明确版权战略意识、推进版权业务战略执行提供刚性的制度保障，而且还要为企业形成良好的版权文化提供支持。版权管理制度体系所形成的约束型机制，能够使得企业版权保护、开发等业务形成一种习惯，进而上升为企业的版权文化。因此，出版企业版权战略的制定与实施，需要突出版权制度的权威性地位。

（3）体现全局性、宏观性和长远性特征

出版企业版权战略的制定，不能仅局限于某个部门的版权业务的开展，也不能仅关注于版权资源的获取、开发、保护等某一个环节性工作，而是要从企业发展的全局性高度，从企业整体版权业务的宏观运作角度，制定能够促进企业版权业务可持续推进的版权战略规划，从而促进出版企业版权业务的长远性进步。

### 4.2.2 我国出版企业版权战略的制定目标

版权战略的目标万变不离其宗，其最终目标都是为了打开市场、占领市场并取得市场竞争的有利地位。其中，占领市场是出版企业版权战略目标的核心内容。对出版企业而言，版权战略是企业经营发展战略的重要组成部分。在经营方面运用版权战略，可以有力对抗和排挤竞争对手，从而以较小的投入获取较大的市场份额，同时也能不断提升自身的市场竞争力。在版权资源获取及保护方面，出版企业的市场化运作，能够巩固优秀作者的版权关系，吸引潜在优秀版权资源的主动靠拢。在面对国际版权市场激烈竞争的严峻形势下，我国出版企业要在国际出版市场中求生存、图发展，积极开展版权战略管理具有十分重要的现实意义。具体而言，我国出版企业版权战略的制定目标应该包含以下内容。

（1）通过实施版权战略提升出版企业核心竞争力

出版企业间的市场竞争，主要表现为图书等出版物的产品竞争，而从其内涵来看，本质上是版权资源运作能力的竞争。换句话说，出版企业的竞争就是抢先获取优秀版权并进行市场化运作的竞争，也就意味着，谁能发现优秀版权并有能力获取和开发，谁就能取得市场的核心地位。因此，出版企业版权战略的重要目标，就是要提升出版企业运作版权业务的能力，提升出版企业的核心竞争力。

（2）通过实施版权战略提升出版企业版权保护水平

版权资源作为出版企业的亘要资源，对这些资源的版权保护是否得当有力是衡量一个出版企业市场竞争能力的重要标志。出版企业版权战略的制定与实施，不仅要明确版权保护对于企业健康发展的重要性，更要明确版权保护不仅仅要绝对重视版权资源的合法获取，更要在整个版权业务的开展中尊重作者、保护作者及其版权产品。同时，还要通过促进作者利益最大化等方式实现作者的合法权益。通过出版企业版权战略的实施，提升企业版权保护意识和能力，从而能够为企业获取更多的优秀版权资源并获得更大的市场收益。

（3）通过实施版权战略提升出版企业国际版权贸易竞争力

出版全球化的趋势不可避免，中国出版走向国际也已成为必然。当面对国际出版巨头咄咄逼人的强势挑战时，我国出版企业必须通过版权战略的制定与实施，提升自身的版权整体运作能力，改变长期以来版权贸易在品种、金额以及文化传播影响力等方面的巨大逆差。出版企业版权战略的实施，实际上是中国出版企业通过修炼内功，正视自身问题并制定正确规划，利用我国悠久的历史文化资源，用市场化的运作手段走向国际。因此，通过版权战略的实施，我国出版企业应当能够提升国际版权贸易竞争力，进而扩大中国出版的国际影响。

## 4.3　我国出版企业版权战略模式选择

出版企业在进行版权战略环境分析之后，需要考虑选择适合自身状况并能给企业带来最佳收益的版权战略模式。不同类型及规模的出版企业，由于其自身所拥有的版权资源和运作能力的差别，需要选择不同的版权战略模式。

### 4.3.1　出版企业版权战略模式的具体内涵

出版企业版权战略作为企业知识产权战略的一种，与其他企业知识产权战略在模式方面有着共同之处。一般而言，出版企业版权战略模式是出版企业在特定战略环境下形成的方法和手段，是一种带有普遍意义的经验和做法。有学者曾经把企业知识产权战略分为进攻型、防御性、攻守兼备型等三种。其实任何一种战略模式都很少单独使用，往往相互交叉运用。出版企业的性质、规模、市场化水平不同，版权资源的质量和数量的不同，都会使得不同出版企业选择不同的版权战略模式和类型。

出版企业版权战略类型主要有以下几种划分方式：一是按照版权产品生产过程划分，可以分为版权获取战略、版权保护战略和版权开发战略；二是按照应对市场竞争的战略实施方式可以分为进攻型战略、防御性战略。

版权获取战略的重点在于发现优秀版权资源，培养和团结优秀作者，为出版企业版权运营“跑马圈地”。可以说版权获取环节的好坏，直接影响出版企业版权业务能否整体可持续发展。

版权保护战略，是指出版企业有计划地针对版权作品开展保护工作。无论是版权获取环节对于版权权利内容的全面厘清，还是在版权合同签订之后的版权登记，以及版权产品营销中对侵权行为的司法应对，都属于版权保护战略范畴。

版权开发战略则是实现版权资源市场化的具体操作过程。国外一些出版企业在版权开发过程中，经常采用诸如权利内容多元化开发战略、国际版权市场开发战略等。

进攻型版权战略是出版企业版权战略中经常使用的一种战略模式。这种战略模式的主要目的是利用自身的版权资源来获得市场垄断地位，确保企业利益最大化。常见的进攻型版权战略如版权买断战略、版权独家许可战略等。

防御型战略在专利、商标等知识型生产企业中也经常出现，但在出版企业中这种战略应用较少。因为版权权利具有自动保护的特征，这和专利、商标权利需要申请、登记的获取方式有着很大不同。因此，很多时候出版企业防御性版权战略的内容基本上就等同于版权保护战略。此外，除强调版权保护外，较为积极的出版企业在采取防御型版权战略时，还会同时采用版权交叉许可战略、版权部分获取战略等扩大企业影响力，从而为企业采取进攻型版权战略打下良好基础。

### 4.3.2　我国出版企业版权战略模式的选择原则

我们在分析我国出版企业的版权战略环境时运用了 SWOT 战略分析方法，同样出版企业版权战略模式的选择也要能够运用外部机会和内部有利条件，避免外部威胁并改进内部不足。在这个分析框架下，可以有四种不同的版权战略模式供我国出版企业选择，即 SO 战略、WO 战略、ST 战略和 WT 战略①。SO 版权战略是利用出版企业内部的资源优势并

① 蔡树堂：《企业战略管理》，北京：石油工业出版社，2001，第 53 ~ 58 页。

充分抓住外部政策扶持机会的战略，WO 版权战略是运用外部机遇来改进出版企业内部劣势的战略，ST 版权战略则是利用出版企业的内部优势尽可能规避或减少外在环境的威胁，WT 版权战略就是充分利用一切有利资源来克服出版企业内部的劣势并避免外在威胁的战略。根据出版企业版权资源状况和运营能力的差别，出版企业的竞争能力一般可以分为强、较强、弱和较弱四种，由此我们可以得出一个出版企业版权战略选择的矩阵（如图 4－1）。

| A<br>**SO 版权战略**<br>出版企业竞争力强<br>以进攻型版权战略为主 | B<br>**WO 版权战略**<br>出版企业竞争力弱<br>以防御型版权战略为主 |
|---|---|
| C<br>**ST 版权战略**<br>出版企业竞争力较强<br>进攻型与防御型版权战略结合 | D<br>**WT 版权战略**<br>出版企业竞争力较弱<br>采用防御型版权战略 |

**图 4－1　出版企业版权战略选择矩阵**

根据图 4－1 所示的出版企业版权战略选择矩阵，我国出版企业在选择版权战略模式时，应该既要利用环境机会和内部优势，尽力将环境威胁和内部不利条件的影响降至最低，同时还要衡量版权管理能力和企业整体规模等因素。在具体选择过程中，可以参照图 4－2 来决定具体的版权战略模式。

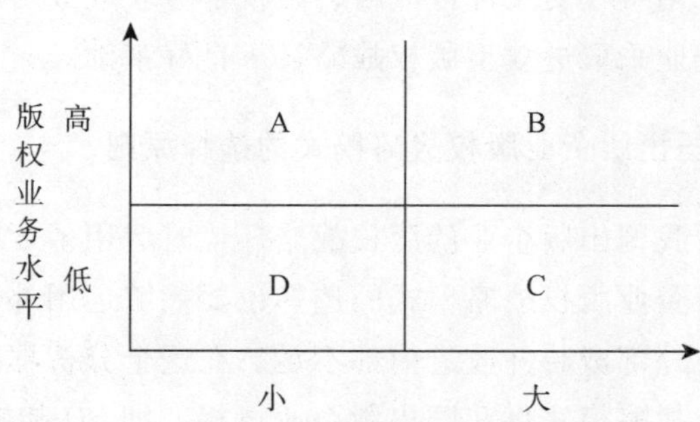


**图 4－2　出版企业版权战略模式选择**

对于 A 领域的出版企业，企业规模虽小，但具有较高的版权业务管理水平。因此这类企业在开展版权战略时，应该规避与大型出版企业的正面竞争，积极培养自己的版权产品品牌，形成能够体现自身独特市场地位的版权战略。我国目前一些发展较好的大学出版社和地方省会城市出版社就处于这一领域，因而在版权战略实施方面，可以采用版权交叉许可战略、版权合作战略等模式。

对于B领域的出版企业，企业规模很大，版权业务管理能力很高，积累的版权资源也很丰富，市场竞争能力较强。我国目前的一些市场化程度较高的出版企业就处于这一领域，尤其是已经成功上市的出版企业。这些出版企业可以选择进攻型的版权战略。如采取版权买断战略、版权独家许可战略、国际版权输出战略、国际版权战略合作等。

对于C领域的出版企业，虽然版权业务开展能力一般，版权资源也不丰富，但是企业规模大、市场竞争能力强。目前我国各省的出版集团事实上就处于这一领域。这些出版企业虽然市场化程度没有那些上市公司高，但已经具备了一定的版权业务运行能力和经验，因此这一领域的出版企业应该采用进攻型和防御性相结合的版权战略。如积极建立版权保护战略，实施版权合作出版战略等。

对于D领域的出版企业，企业规模小，版权保护意识及版权业务运作能力与其他企业相比较差。这类出版企业亟须根据自身情况制定合适的版权战略规划，提升版权业务能力，从而增强企业自身竞争力。目前我国一些小型城市出版社和大部分大学出版社都处于这一领域。由于这些出版社长期定位于服务教学或科研，因此忽略了包括版权业务在内的市场化工作，所以在转企改制工作中从意识到行动都被甩在后面。这类出版企业应该采取防御性的版权战略规划，以减少市场竞争带来的负面冲击。如在版权资源获取方面采用版权部分许可战略，在开发既有版权资源方面加强数字版权战略，积极建立版权人才培养战略等。

# 5　出版企业版权战略管理的支持体系

经过本书“出版企业版权战略管理经验的国际参照”部分的分析，我们可以得出一个结论：出版企业要实现版权业务的战略化管理，应该从“硬件”和“软件”两个层面加强建设。“硬件”是指出版企业版权战略管理的支持体系，“软件”则指出版企业版权业务的具体运营策略。在论文的这一部分，将着重探讨“硬件”建设即出版企业版权战略管理支持体系的建构问题。

在分析国外出版企业的版权战略管理时，我们发现大部分欧美出版企业有专门的版权管理部门、详尽的版权管理制度、鲜明的版权文化和系统的版权信息平台。如果进一步调查我们还会发现，大部分知识产权生产企业都会从组织、制度、文化以及技术等层面加强管理体系的建设。因而，本文关于出版企业版权战略管理体系的建构，也将从版权组织、版权制度、版权文化以及版权技术四个层面加以分析。这也意味着，笔者所赞同的出版企业版权战略管理支持体系，将由版权组织体系、版权制度体系、版权文化以及版权技术构成（见图5－1）。

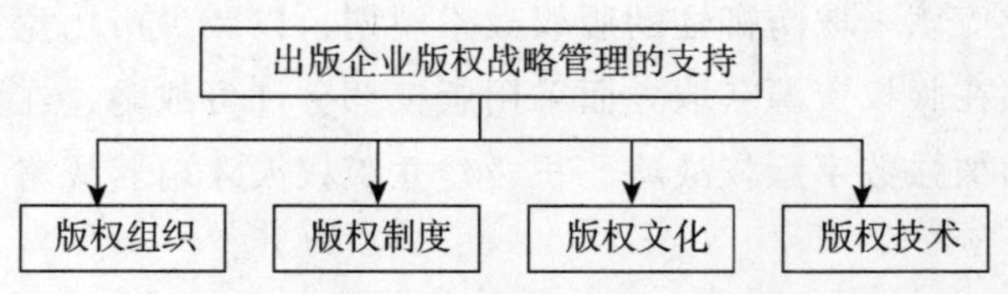


**图5－1　出版企业版权战略管理的支持体系**

在整个出版企业版权战略管理的支持体系中，版权组织处于最核心的位置，发挥着至关重要的作用。版权组织的建构程度直接影响着企业版权业务管理能否上升到战略化高度；版权制度的相对完备能保证版权业务执行的有规可循，促进版权业务的规范化；版权文化的建设为企业版权业务的开展提供有利的宏观背景，提升企业版权业务管理的战略意识；而版权技术的相对完备则能保障企业版权利益，提升企业处理版权业务的效率，进而提升版权业务的战略管理水平。

## 5.1 出版企业版权组织体系的建构

出版企业版权组织体系，主要是指企业内设的专业版权管理部门设置。出版企业版权管理部门的有无及其设置是否合理，直接影响着版权制度的制定、版权文化的建设以及版权技术的完备等问题，因而值得认真研究。

### 5.1.1 出版企业版权管理机构的作用

（1）为出版企业提高版权运营收益

首先，版权管理部门能够通过专业的版权资源获取从而降低成本。出版企业需要丰富的版权资源作为支撑，而版权资源获取需要一定的成本，不仅包括作者版税等直接成本，还包括出版企业的搜寻成本、缔结成本、实施成本以及违约后的追究成本等。出版企业版权管理部门由于配备专门的技术人员、法律工作人员以及相应的物质条件和制度保障，能够长期关注版权资源市场，对作者等版权所有者能够给予合乎市场标准的砝码。尤其在引进国外版权作品过程中，版权部门体现的作用更为巨大。长期关注版权市场所积累的经验可以降低企业的版权搜寻成本，帮助出版企业对一些具体合同做出迅速的认定可以降低缔结成本，而对版权市场的准确判断将降低企业的版权开发实施成本，保证企业版权获取内容的完整性以及对出版企业合法执行版权贸易合同的严格监督则降低了企业的违约成本。可以看出，版权管理部门能够在版权资源信息获取以及降低相关成本方面为出版企业提供有力支持。

其次，版权管理部门从企业发展高度关注版权业务，有利于出版企业版权资源的宏观调控。如一些大出版集团，既拥有传统图书出版，又能实现音像出版甚至是网络出版等其他数字出版形式。那么，在版权部门的专业管理下，就会发现某些图书版权作品可能非常适合以音像版权形式体现，也可能适合以网络连载版权等形式出现。反过来，一些数字版权形式的开发也可能成为传统纸制图书的重要资源。由此可以看出，在这种背景下，通过出版集团层面的版权管理部门的宏观调控，就可以使原来单纯为某部门开展的版权资源获取，成为企业其他出版部门的版权资源，从而实现版权资源的优化与共享。因而建立出版企业版权管理部门，有利于出版企业对现有的版权资源进行统一管理，实现优化配置。

此外，版权管理部门对企业版权资源的科学管理，能使企业对一些版权资源进行及时的权利转让以获取收益，以免所购买的版权合同到期而形成资源浪费。同时版权管理部门的构建有利于企业采取专门措施，对侵权行为进行追究，以获取赔偿或版权许可费，从而增加出版企业的版权收入。

（2）为出版企业版权战略管理提供法律保障

在购买版权过程中，版权管理部门能够提供专业的法律支持。出版企业的版权资源获取，一般要经历版权搜寻、版权认定、法律谈判、合同审查、版权登记等过程，而在这一系列的版权获取过程中，版权管理部门的专业人员能够提供至关重要的法律支持。比如，专业的版权搜寻能够保证迅速确定版权联系人，详细、专业的版权权利内容分析可以确定版权权利人的权限从而减少非法授权的可能。在版权谈判中，专业的法律人员能够提供相关知识咨询，合同签订过程中同样能够以专业的眼光去审查漏洞或剔除不合理条款。

在版权购买后，版权管理部门能够及时申请版权登记维护出版企业版权。因为尽管按照我国著作权法的规定，作品一旦完成，其著作权就自动产生，无需像商标权、专利权一样必须经过申请和审批才能获得。但在著作权受到侵犯时，权利人必须提供自己是著作权人、享有著作权的证据。然而这种证据很难提供，尤其是当一件作品写作时间较长或是委托他人创作等情况下，更难以收集原始证据，难以确定著作权人，给权利人主张权利造成极大的困难。而如果这类作品通过版权交易许可给出版企业，那么出版企业在版权纠纷出现时同样面临类似的原始举证困难。但是，我国作品自愿登记制度给出了解决困难的措施，即如果权利人在作品创作完成后，先进行著作权登记，则在举证的时候，只需要出示登记中心颁发的证书，就会得到法院或有关机关的认可。如果对方当事人不服，则需要对方当事人举出相反的证据。这就大大减轻了权利人的举证责任。同样，我国《著作权法实施条例》第 25 条规定：“与著作权人订立专有许可使用合同、转让合同的，可以向著作权行政管理部门备案。”可以看出，如果出版企业通过版权合同获取版权后到有关部门进行及时登记，同样能够降低自己的举证不能的危险。鉴于这种背景下，版权管理部门强烈的版权保护意识能够促使企业及时将版权合同予以登记，以获得版权合法拥有证明，以免出现纠纷时处于不利的举证地位，同时也能及时维护出版企业的合法权益。

在版权开发过程中，版权管理机构能够通过打击盗版等方式维护企业合法权益。版权资源是出版企业的“富矿”，同时也成为一些非法出版商觊觎的对象。无论是教材还是畅销小说甚至是一些工具书，在我国出版物市场上都可以发现大量盗版。这些盗版产品为非法出版商牟取了暴利，但却严重伤害了正版出版商的利益。正版出版商在版权获取以及版权营销中所付出的成本都为盗版商做了“嫁衣”。同时，在我国打击非法盗版时一些出版企业常常面临人力、财力和物力的困难，因而很难彻底打击盗版，这种情况反而助长了盗版商的嚣张气焰。而一些设置专业版权管理机构的大型出版集团，面对侵害企业版权的盗版行为则是敢于亮剑，其专业的打击盗版手法与力度迫使非法盗版商敬而远之，从而维护了企业版权的整体运营。

（3）为出版企业版权战略管理提供制度支持

版权管理部门能够完善企业版权管理制度，使企业版权业务走上规范化、制度化的轨道。站在企业整体发展的角度，版权管理部门能够对企业版权管理工作的职能划分、职责规定、工作规程等制定系统化、规范化、科学化的制度规范。这些规范，使得出版企业所有工作人员有章可循，从而促进出版企业版权工作的良性发展。一般而言，版权管理部门要制定有关企业版权保护的内部版权登记与合同备案制度，同时要制定版权知识培训制度，以强化出版企业员工的版权意识和促进企业版权文化的建设。另外，在一些高度重视版权问题的出版企业，企业版权管理部门还制定相应的奖惩制度以评价员工在出版活动中版权业务的优劣，从而实现出版企业从上到下对版权问题的集体关注。

（4）为出版企业员工提供版权培训

出版企业员工版权知识水平直接影响到版权资源的保护与开发，因而对企业员工进行专业版权知识培训对于提升出版企业版权业务水平至关重要。版权管理部门的设立，可以通过企业的定期培训，实现对企业员工版权知识的全面普及。培训内容在宏观方面可以涉及国家版权立法状况和国际发展趋势，同时也可以阐释出版企业自身基本的版权政策；在微观方面可以结合与本企业相关的重大版权事件或案例展开专题分析，为员工解读出版实践中的版权难题。可以看出，企业版权管理部门的设立有利于企业开展长期的版权知识培训，从而促进出版企业整体版权业务水平的提升。

### 5.1.2 我国出版企业版权组织体系的构建

（1）我国出版企业版权管理机构设置现状①

我国出版企业的版权管理机构设置状况到底如何呢？带着这个问题，笔者开始了相关调查。调查对象以 24 家出版集团及其下属 163 家出版社作为分析样本②。调研方法主要是通过访问相关出版企业网站等方式获取有效信息。调查时间是从 2009 年 6 月 1 日至 2009 年 7 月 1 日。具体调查情况如下。

① 出版集团层面

出版集团对版权事务的管理尤为重要，甚至在一定程度上可以认为，版权管理模式是否科学，是考验一个出版集团有无核心竞争力的最重要标准。笔者对所选取的 24 家出版集团进行调查后发现，我国出版集团版权管理机构设置存在两种形式：一种是在集团层面设置统一的版权管理机构，另一种是由出版集团的各附属单位实行分散式管理。在所调查的 24 家出版集团中，在集团层面设置统一版权管理机构的只有 4 家（见表 5－1），占所调查出版集团总数的 16.67%。而实行由附属各成员单位进行分散式管理的则有 20 家出版集团，占所调查集团总数的 83.33%。

---

① 参见黄先蓉、王志刚《从网站建设整体分析我国出版企业版权意识》，《出版发行研究》2010 年第 6 期。

② 本次调查主要选择了以下 24 家出版集团：中国出版集团、北京出版集团、河北出版集团、山西出版集团、辽宁出版集团、吉林出版集团、黑龙江出版集团、上海世纪出版集团、上海文艺出版集团、凤凰出版集团、浙江出版联合集团、安徽出版集团、江西出版集团、山东出版集团、中原出版传媒投资控股集团、湖北长江出版集团、湖南出版投资控股集团、广东出版集团、重庆出版集团、四川出版集团、贵州出版集团、中国科学出版集团、陕西师范大学出版集团、北京师范大学出版集团。集团的成员单位只选择了出版社作为调查样本，发行和印刷领域的成员单位不是本次调查的对象。

**表 5－1　出版集团专门版权管理机构情况**

| 出版集团名称 | 集团版权管理机构 |
|---|---|
| 陕西师范大学出版集团 | 国际合作部 |
| 上海文艺出版集团 | 法务部 |
| 重庆出版集团 | 版权及国际合作部 |
| 浙江出版联合集团 | 出版管理部（对外合作部） |

② 出版社层面

出版社层面的版权管理机构设置，经过调查 163 家出版社后发现主要有三种形式：一是设置专门版权管理部门，二是采用总编室和国际部（对外合作部）共同管理版权业务，三是沿用传统的总编室处理企业版权问题。

在笔者所调查的 163 家出版社中，设置专门版权管理部门的仅有 3 家出版社（见表 5－2），占调查总体样本的 1.84%。这三家出版企业的版权管理机构以版权处或版权室的形式出现，在出版社中与总编室和其他编辑室处于同一管理级别，其主要任务就是统一协调出版社的版权业务，具体而言则包括版权保护和版权贸易两个方面。

**表 5－2　出版社设立专门版权管理机构情况**

| 所属集团 | 单位名称 | 版权管理部门 |
|---|---|---|
| 中国出版集团 | 商务印书馆 | 版权处 |
| 上海世纪出版集团 | 上海译文出版社 | 版权室 |
| | 上海人民出版社 | 版权室 |

在所调查的 163 家出版社中，采用总编室与国际部（对外合作部）相结合管理版权业务的出版社共 23 家（见表 5－3），共占总体样本 14.11%。其中分成两个部门即总编室和国际部（对外合作部）的共 14 家，占总体样本 12.27%。另外还有 3 家出版社分成三个部门即总编室、对外合作部和国际部共同管理版权业务，占总体样本 1.84%。这种合作式的版权管理模式通常是将出版社对内与对外的版权业务分开，即当涉及国内版权业务时主要由总编室处理，而涉及国际版权贸易业务时则主要由国际部（对外合作部）负责，实行内外有别的版权业务专业

管理。

表 5－3　出版社设立总编室与对外合作部（国际部）共同管理版权情况

| 所属集团 | 单位名称 | 版权管理部门 |
|---|---|---|
| 中国出版集团 | 中国大百科全书出版社 | 总编室；对外合作中心 |
| | 人民音乐出版社 | 总编室；国际合作与版权中心 |
| | 人民文学出版社 | 总编室；版权外事科 |
| 上海世纪出版集团 | 上海科技出版社 | 总编室；国际部 |
| | 上海辞书出版社 | 总编室和编辑室下属的国际关系室 |
| 安徽出版集团 | 黄山书社 | 总编室；对外合作编辑室 |
| | 安徽少年儿童出版社 | 编务室；对外合作部 |
| | 安徽科学技术出版社 | 总编室；对外合作部 |
| 湖北长江出版集团 | 湖北人民出版社 | 总编室；对外合作部 |
| 凤凰出版传媒集团 | 译林出版社 | 总编室；对外合作部 |
| | 江苏教育出版社 | 总编室；对外合作办公室 |
| 山西出版集团 | 山西教育出版社 | 总编室；外语编辑室下设国际合作部 |
| 广东出版集团 | 广东科技出版社 | 总编室；对外合作编辑室 |
| | 广东教育出版社 | 总编室；对外合作编辑室 |
| 中原出版传媒投资控股集团 | 河南科学技术出版社 | 总编室；对外合作部 |
| 黑龙江出版集团 | 黑龙江少年儿童出版社 | 总编室；国际部；合作部 |
| 湖南出版投资控股集团 | 岳麓书社 | 总编室；国际出版部 |
| | 湖南人民出版社 | 总编室；对外合作部 |
| 吉林出版集团 | 吉林人民出版社 | 总编室；对外合作出版公司 |
| 辽宁出版集团 | 辽宁科学技术出版社 | 总编室；国际图书中心；对外合作编辑室 |
| | 辽宁人民出版社 | 总编室；对外与外文编辑室 |
| 上海文艺出版集团 | 上海人民美术出版社 | 总编室；合作部；国际部 |
| 中国科学出版集团 | 科学出版社 | 总编室；国际合作部 |

经过调查 163 家出版社后我们发现，目前仍在沿用传统的总编室管理版权业务的出版社共 137 家，占总体样本的 84.05%。这种传统的版权管理模式，通常由总编室的编务人员处理企业版权问题，也有的出版社指定总编室中的一个（几个）工作人员专项负责，出版社没有设置

专门的版权保护或版权贸易的管理职能部门。这种传统的版权业务管理模式在调查中体现得尤为突出，说明我国出版企业在向市场化发展过程中版权管理的专业化意识较为滞后。

（2）我国出版企业版权管理机构的构建模式分析

通过上文的调查我们可以发现，大部分出版企业未能设立专业的版权管理部门。即便有些出版企业在集团层面或出版社层面以各种形式设立了版权管理部门，总体来看仍存在设置不够科学的问题，从而也影响出版企业版权战略管理工作的顺利展开。因此，出版企业版权管理部门的设置，必须明确其构建模式与取向，才能充分释放出版企业在市场竞争中的版权活力。通过调查可以发现，我国目前设置版权管理部门的模式大致可以分为两种，即集中式和分散式版权管理模式，我们分别来分析各自的模式特征。

① 集中式版权管理模式

集中式版权管理模式经常为国外大型知识型企业所选取，由此而组建的知识产权管理部门，体现出鲜明的直线型特征。采用集中式版权管理模式的出版企业，企业的版权管理部门能够按照企业统一的版权政策进行运作，最大限度地保护企业的整体利益，使企业的版权获取、保护与开发工作顺畅。集中式的版权管理模式，其实现方式一般是通过在出版集团总部设立独立的、综合性的版权管理机构，对本集团与版权有关的事务进行统一集中管理。国内一些出版集团如重庆出版集团出版传媒主业部分在管理层面设置了版权贸易及国际合作部，负责集团的整体版权管理工作（见图5－2）；上海文艺出版集团则在集团设置统一的法务部来管理整个集团的版权业务工作。此外，商务印书馆、上海人民出版社和上海译文出版社也都设置了专门的版权处（室）来对版权业务进行集中管理。

版权集中管理模式下的机构设置及管理体现出两个鲜明的特点。一是设立由出版集团总部高层直接进行控制和管理的版权总部。为最大限度地维护版权，出版集团在集团总部设立直接由总裁级别管理者领导的版权业务总部，负责整个出版集团的版权管理，从而实现对企业所有版权业务进行统一管理和运营。同时负责向各附属企业派遣版权管理人员或信息联络人员，进行版权业务指导，以保障出版企业版权管理工作实现纵向的贯通。二是附属出版企业设置合适的版权管理机构。如成立版

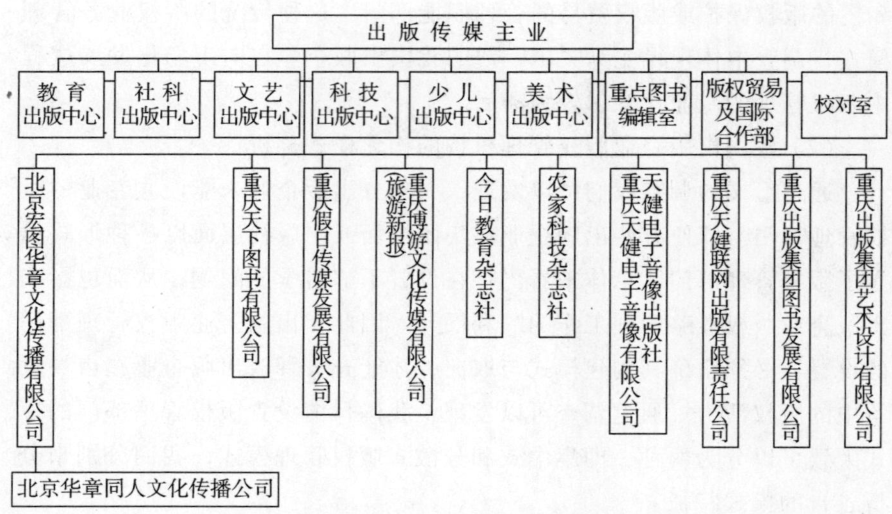


**图 5－2　重庆出版集团版权管理机构设置**①

权业务工作办公室并配备一些专业人员处理分公司的版权事宜，同时保持与出版集团版权管理总部的密切联络与有效沟通，从而确保出版集团总部的版权政策和方针得到全面贯彻。

集中式版权管理模式，能够集中和整合出版集团的版权资源，从而有利于企业核心竞争力的形成。但目前我国出版企业版权管理部门的设置，无论是在出版集团层面还是在出版社层面，都应该说没有建立严格意义上的集中式版权管理模式。有的虽然在出版集团层面建立了版权综合管理部门，但在集团下属分社并没有设置专门的版权机构或人员；有的出版社虽然设立了版权室，但这个部门却隶属于总编室（如上海人民出版社）。这样的版权管理组织建构就无法体现直线型版权管理组织的优势，无法实现企业版权信息的纵向沟通。因此，我国目前采用集中式版权管理模式的出版企业组织结构有待完善。

② 分散式版权管理模式

在设置专门版权管理机构的出版企业中，分散式版权管理模式在中小型出版企业较为多见，形式也更为复杂。有集团下属出版社分设版权室（如上海世纪出版集团），也有出版商将版权工作细分为对内版权业

---

① http://www.cqph.com/introduce/struct.aspx.

务和对外版权业务，因而其版权管理部门就体现为更为分散的总编室、国际部和合作部等机构。如上海人民美术出版社、黑龙江少年儿童出版社、辽宁科学技术出版社等分散为三个部门进行管理；人民音乐出版社则是分为总编室、国际合作与版权中心进行管理（见图 5 – 3）。

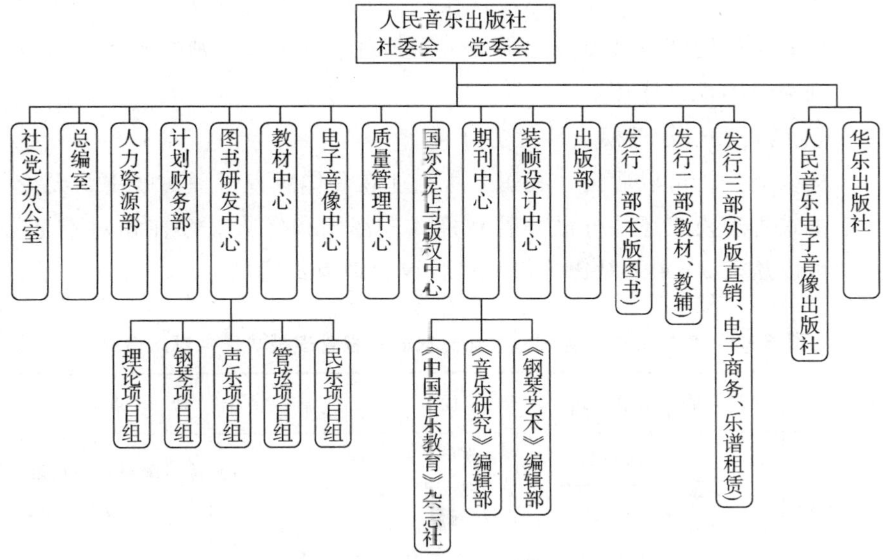


**图 5 – 3 人民音乐出版社组织结构示意**①

分散式版权管理模式体现出职能型组织结构特征，这种模式可以使版权管理工作根据不同版权业务特征做到合理管理。比如，针对国内的版权业务，经常由熟悉选题内容及作者情况的总编室来协调；而涉及国外选题或版权贸易的业务则由国际部来管理；此外，涉及以合作版权形式开展联合出版业务的则由对外合作部来管理。这样就发挥了相关版权部门的专业特征，有利于在各自领域深挖版权价值。

但是，这种版权管理模式同样存在一定的弊端。一是由于部门分工过于专业化，容易出现多头领导，各部门之间关系不易协调，由此引发的矛盾和冲突影响企业版权管理效率；二是出版企业版权管理工作是随着作品的产生、授权、产业化、交易等一系列活动而开展的，分散式版权管理模式过分重视按专项分工的横向管理，却忽视了对版权资源的纵

① http：//www.rymusic.com.cn/main/newsdetaila.cfm？iCntno = 2609.

向管理，不仅无法实现从企业版权战略角度去开发版权，甚至会出现因版权产品在运作过程中各部门之间协调不力而导致版权资源浪费的情况；三是随着出版企业整体规模的不断扩大，具体的业务分工将会越来越细，而企业版权业务之间交叉性也会日趋增强，届时出版企业版权管理工作的责、权、利关系将不像现在泾渭分明。由此可见，分散式版权管理模式虽然能够体现专业化特征，但其对企业版权规划的整体运行不能起到完全的促进作用。

③ 两种版权管理模式的优劣分析

从以上分析可以看出，我国出版企业在具体版权管理实践中，无论是集中式管理模式还是分散式管理模式，都既有优势又存在相对不足。我们可以从表 5－4 中对比分析两种版权管理模式的优劣。

**表 5－4　集中式版权管理模式与分散式版权管理模式优劣对比情况**

<table>
<tr><th>模式类型</th><th>隶属关系</th><th>表现形式</th><th>优　　点</th><th colspan="2">缺　　点</th></tr>
<tr><td rowspan="2">集中式</td><td rowspan="2">直属于高层管理者</td><td>法务部</td><td rowspan="2">1. 同企业高层信息交流畅通<br>2. 宜开展战略性版权活动<br>3. 有利于订立合同、解决纠纷</td><td colspan="2" rowspan="2">不宜直接与编辑部门接触取得相关选题市场版权信息</td></tr>
<tr><td>版权及国际合作部</td></tr>
<tr><td rowspan="3">分散式</td><td rowspan="3">隶属于中层管理者</td><td>总编室</td><td>1. 熟悉企业具体选题<br>2. 利于版权细节工作</td><td>1. 无力开拓版权贸易<br>2. 法律服务能力不足<br>3. 不易版权战略管理</td><td rowspan="3">不易根据企业整体版权规划展开活动</td></tr>
<tr><td>国际部</td><td rowspan="2">熟悉国际版权市场</td><td rowspan="2">1. 不易与其他部门协作<br>2. 无暇顾及内部版权管理</td></tr>
<tr><td>合作部</td></tr>
</table>

由表 5－4 可以看出，我国出版企业目前的版权管理模式尽管在企业发展中发挥了重要作用，但也存在一些弊端。集中式版权管理模式由于其属于直线职能制组织结构，刚性大，信息传递具有纵向的特点，无法实现企业对版权信息的充分沟通；分散式版权管理模式由于其过于专业化的固守其各自的领域，不宜与部门之间的横向协调，再加上纵向信

息传递的间接性，不易执行企业版权战略规划，也就无法实现企业版权业务的充分协调与开展。因此需要寻求一种更为科学的管理模式——推进企业版权管理工作。

（3）我国出版企业版权管理部门的构建取向——矩阵型版权管理模式

通过上文关于出版企业版权管理机构的调查分析可以看出，实行集团统一版权管理机构只占所调查集团总数 16.67%，而采用专门版权管理机构的出版社仅占所调查出版社总体样本的 1.84%。如此低的比例在一定程度上表明，大部分出版企业在走向市场化、集团化运营过程中，对版权的管理仍处于向专业化过渡阶段。由于在出版集团层面缺乏版权的整体战略意识，体现到各个出版社就出现了版权管理专业化程度不高的现象。因此，为适应现代出版产业快速发展的需要，我国出版企业必须将版权管理上升到发展战略高度，构建科学的版权管理体系，增强自身的版权管理专业化意识，实现对版权资源的深度保护和开发，保证自身版权的核心竞争力在出版企业竞争中得到有力体现。

相比于目前我国出版企业所采取的集中式和分散式版权管理模式，目前受到一些大型知识产权生产企业推崇的矩阵型管理组织结构，更适应未来出版产业发展对版权业务的管理需要。这种管理模式不仅能够实现集中式管理模式中纵向版权信息的有效沟通，还能够促进版权信息在各部门之间的横向协调，因而近年来成为国外大型企业管理知识产权的重要模式。我国出版企业同样能够作为借鉴，组建矩阵型版权管理模式。

① 矩阵型版权管理模式的内涵与特点

矩阵型版权管理模式，主要参照国际流行的矩阵型知识产权管理组织机构进行构建。矩阵型知识产权管理组织结构，是把一个以项目或产品为中心任务的横向直线型组织与传统的以职能为中心的直线型组织实行交汇。它打破了“一个人只能有一个上级”的传统组织原则，每个项目小组可接受多个职能部门的领导，加强了知识产权各部门的配合和信息交流，避免重复劳动，提高了效率①。矩阵型版权管理组织结构，即由出版企业在集团管理层面设立一个统一的、综合性的版权管理机

① 杨胜：《论企业知识产权管理组织结构模式及选择》，《改革与战略》2007 年第 7 期。

构，负责本企业版权规章制度的制定，信息的储存、登记、查询，版权战略的制定，协调本企业内与版权有关的事宜，处理有关版权诉讼以及版权咨询等。它主要处理的是本企业内一定程度上相对宏观性的版权管理工作。而由负责具体作品版权开发的项目小组来负责具体的版权管理，可以对版权从产生到应用的全过程进行有效的管理，而且对版权的管理更具有弹性，还可以带来更高的管理效率。每个项目小组的成员可以包括编辑策划人员、市场分析人员、编辑制作人员和市场销售人员以及版权专业人员。在矩阵型版权管理模式下，一部作品从版权获取到编辑加工再到最终产品的形成，以及版权销售都会由专业的项目小组进行及时的全面管理，管理层次的减少有利于缩短信息流，增强对版权市场的不确定性的适应能力。与此同时，出版集团层面的版权管理机构可以从琐碎的版权事务中解脱出来，专门从事企业长期版权战略规划的制订与决策，指导和协调各项目小组与各职能部门的版权管理工作。基于以上诸多优点，笔者认为，我国组建出版集团的出版企业应当采用这种以灵活高效的项目小组组织和企业专门的版权管理机构相结合的矩阵型组织管理模式（见图 5－4）。

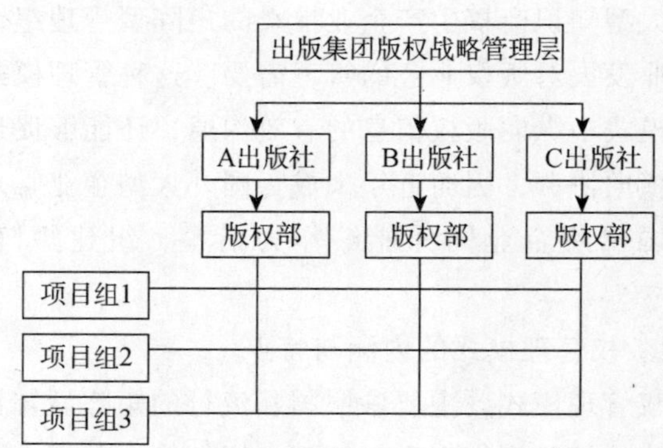


**图 5－4　矩阵式版权管理模式**

② 我国出版企业构建矩阵型版权管理模式的可行性

矩阵式版权管理模式相较于传统的集中式和分散式版权管理，在信息沟通和整体协调方面有着较大的优势。那么，我国出版企业是否具备构建这种版权管理模式的可行性呢？我们稍加分析就可发现，矩阵型版权管理模式本质上是集中式版权管理和项目责任制的组合。而无论是版权的集中管理还是出版业务的项目责任制，在我国出版产业中都已经不是什么新鲜事物，已经有着一定的构建基础。

首先，集中式版权管理机构的设置在我国出版集团化的背景下完全可以实现。在我国500多家出版社中，大部分都以出版集团成员的身份出现。随着出版集团组建磨合期平稳渡过后，一些出版集团开始从战略角度考虑企业的版权保护与开发问题。因此，建立从集团到分社的纵向版权集中管理体系成为出版市场的必然选择。像重庆出版集团等在集团管理层面设置版权管理部门就已经有了版权战略管理的设想，欠缺的只是将这种集中管理模式加以具体完善。随着出版产业的迅速发展，版权资源的重要性将越来越引起出版企业管理层的重视，类似的版权集中管理体系也将得到相继建构。

其次，项目责任制已经在一些重点选题开发中得到采用。如《谁动了我的奶酪》就是以项目组的形式得以成功运作。中信出版社组建的项目组，由更熟悉版权市场开发的北京读书人文化艺术有限公司负责全程策划与管理，从版权的购买，到中文版权产品的生产、价格确定，再到版权产品的宣传与推广，处处细节都是由项目组来给予决策。此外，人民文学出版社对于《哈利·波特》系列的版权开发，也采用了项目运作方式，同样在版权获取、版权销售和版权保护等方面取得了骄人的成绩。可以看出，项目负责制对版权市场的驾驭获得了丰厚收益，也在我国出版企业中获得了广泛认同。

最后，值得说明的是，矩阵型版权管理模式的构建相对复杂，在人力、物力和财力方面均需要一定的投入，因而只有大型出版企业才有可能构建并使这个体系科学运转。而且不同类型的出版企业必然有着自身特殊的情况，所以这种模式不能照搬。一些中小出版企业可以考虑先把版权管理部门组建起来，无论是集中式版权管理模式还是分散式版权管理模式，甚至只是任命一名专业的版权管理人员也能对企业的版权业务起到一定的促进作用。但我们出版企业的领导应该明确意识到，随着企业的发展，矩阵式版权管理模式的构建能为出版企业版权业务水平的整体提升作出卓越贡献。

## 5.2 出版企业版权制度体系的建构

版权制度体系指企业为实现版权管理目标，委派企业最高版权管理机构制定的一系列版权业务管理办法，以指导企业的具体版权活动。如果说版权组织体系的构建为出版企业的版权战略管理打造了一幅骨骼，制度体系的建构就如同赋予了这幅骨骼以生命，从而使其按程序进行运转。因而，版权制度体系对于实现出版企业的科学版权战略管理，发挥着重要作用，需要认真研究与探讨。

### 5.2.1 出版企业版权管理制度的作用

（1）有利于促进出版企业版权业务的战略性开展

从宏观层面来看，出版企业版权制度管理体系的制定与实施，促进了企业上下对于版权业务的理解，从而有利于企业长远版权战略规划的制定与执行。首先，出版企业管理层对版权业务的制度化重视，使得企业从上到下意识到版权资源的开发与维护对于企业长远发展的重要意义，由此激发企业高度的版权意识。其次，版权制度对于企业版权管理部门以及各出版业务部门之间在版权领域的权责与隶属规定，有利于企业版权管理部门版权事务协调工作的展开。再次，企业版权管理制度强调版权管理部门的版权培训责任和员工接受版权培训的义务，能够进一步深化企业的版权意识以营造良好的版权文化氛围，从而为企业版权业务的有效开展提供和谐的版权环境。此外，版权制度管理体系中的版权奖惩制度，能够通过表彰版权业务先进典型、惩罚版权业务水平落后员工，从物质和精神两方面来实现对企业版权业务的全员激励，从而激发企业员工的热情，主动地参与企业版权业务，为企业版权战略规划的顺利实现献计献策。

（2）有利于提升出版企业的版权业务效率

从微观层面来看，出版企业版权制度管理体系的构建能够为企业版权业务提供具体指导，从而提升企业的版权业务开展效率。这种具体指导作用首先表现在出版企业版权管理系列制度的制定能够形成版权业务的“模板效应”。这些经过专业版权管理人员设计的版权内容获取标准、版权合同条款等，使出版企业员工在版权业务中有章可循。其次，企业版权制度能够针对出版实践中容易发生版权问题的环节加以重点解释，因此可以避免由于版权意识不强及程序不严谨而引发的版权纠纷，对恶性版权业务行为的出现形成约束。再次，版权制度管理体系能够以有效地纠纷应对机制来处理突发性企业版权问题，无论是侵权还是被侵权，出版企业的版权纠纷预警机制与应对机制都能及时发挥作用，迅速有效地为企业解决问题。此外，包括版权登记、合同备案在内的细节性版权档案管理，不仅能为日常版权业务开展提供方便的信息支持，而且从长期来看还能为出版企业的发展积累一个版权信息库，以便于及时发现问题和解决问题。

### 5.2.2　我国出版企业版权制度体系的构建

版权制度体系的建立，能够从宏观与微观两个层面促进出版企业版权业务的开展。因而，不同层次与类型的出版企业需要通过建立一系列的版权管理制度指导企业具体的出版活动，使企业版权管理工作有章可循，以保障企业各项版权管理事务落到实处。这些版权制度体系的表现形式可以因人而异。就一些小型出版企业而言，可以制定一部版权管理实施细则来指导版权业务实践。而大型出版集团，则应该既出台集团层面的覆盖整个企业的版权管理办法，以实现宏观性的指导与约束，同时还要制定一些版权业务层面的具体规定，以推进版权管理的有效实施。本节接下来的内容，主要围绕我国出版集团来探讨版权制度体系的构建。

结合版权业务实践来看，出版集团应建立两级版权制度体系：一是集团级制度，用于规范出版集团内所有员工的活动，为版权业务在集团范围内发展提供制度层面的根本保障；二是业务级规范，主要针对各项具体业务进行实体和程序上的规范，保障各项版权业务在整体框架下有序发展。其版权制度体系的构成，可以在集团层面结合我国版权管理法规和出版实践需求，由集团管理层制定《版权管理办法》作为企业发展的根本制度之一，来指导整个企业的版权业务。在业务层面则应考虑企业版权业务具体环节，由集团层级的版权管理部门制定《版权业务实施细则》《版权奖惩制度》《版权培训制度》来规范企业版权业务的具体实施。具体构建模式可以参照图5－5。

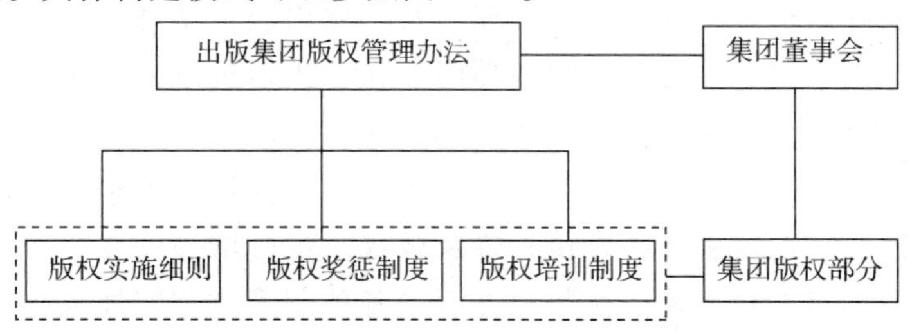


**图5－5　出版集团版权制度体系建构模式**

（1）出版集团版权管理办法

作为宏观指导企业版权业务发展的版权管理办法，其目的主要是向全体员工表明这项制度是企业发展的根本制度，在具体版权业务中需要全员认真遵守各项版权细则规定。一般而言，企业版权管理办法的内容，包括制定企业版权制度的目的、企业版权管理工作的地位和任务，以及集团版权部的职责说明三个部分。

首先，明确企业版权管理宗旨。即出版集团是为了有效保护企业版权，提高出版市场竞争能力，防止无形资产流失，依据国家和出版行业有关版权的法律、法规和规章，制定版权管理制度。为了达到这一目标，就需规定开展企业版权管理工作应遵循一些基本前提，如符合我国知识产权法律制度的规定、版权管理工作的一般规律、企业发展的实际需要以及符合国际交流、合作及国际惯例的共同准则等。此外，开篇应当界定，企业版权管理制度所称的版权内容，包括我国版权保护等有关法律所规定的权利框架下依法由企业享有或持有权利。而企业版权制度的约束对象，涵盖本企业的所有员工（包括企业各级领导、无固定期限的员工、合同制员工、临时工等），以及来本出版集团各企业实习、学习、进修或合作研究的研究人员。要求全员遵守相关制度，以维护企业版权。

其次，说明版权管理工作的战略地位与任务。版权管理办法要明确企业版权管理工作是企业管理体系中具有战略意义的基础性管理环节。为确保版权管理工作的重要地位，集团将版权战略作为长期战略的重要组成部分，制定公司版权战略和机制。同时，将版权管理工作纳入公司的生产管理、市场销售、品牌建设、人事行政等各环节中，从竞争形势出发，研究制定、及时调整版权工作策略，逐步完善具体的版权管理规定。制定版权管理工作的年度计划，并与企业其他专项管理计划有效衔接，进行量化管理，及时做出版权年度工作总结报告和专项工作报告，并将对企业各部门版权保护情况纳入相应的年度工作考评。明确企业版权战略管理工作的主要任务包括：贯彻执行版权法律、法规，制定企业版权规划和实施方案；促进企业版权资源的开发、转让及其规范管理；宣传、普及版权知识，增强企业版权保护意识和能力；建立和完善企业版权方面的各项制度，切实加强企业版权保护工作，等等。

最后，明确版权部的职责。版权管理办法要明确规定由版权部负责企业版权方面的全面工作。其有权履行的职责包括：负责企业版权工作的组织和领导；制定版权战略管理工作的工作规划和具体措施；组织版权法律、法规的教育，开展版权战略管理的专项研究工作；组织开展企业版权登记、评估等管理工作；审核、参与签订和管理公司版权方面的各类合同；协调解决企业内部有关版权争议和纠纷；组织开展企业有关版权保护与管理工作的国际交流与合作；执行版权业务相关的奖惩制度，等等。

（2）版权业务实施细则

版权业务实施细则制定的目的与作用是指导出版企业的版权业务实践，其主要内容是规定版权获取、版权登记、版权开发、版权保护的内容和程序。

①版权获取的内容与程序

在版权业务制度中，首先要指导如何“确权”。即确定哪些版权内容符合法律、法规要求，能够成为企业获取的权利对象，因而要明确一些权利购买的标准以指导版权实践。一般而言，出版企业购买、使用的版权产品应遵守我国有关法律、法规和标准规范，尤其不得使用、传播、销售含有不当内容的版权产品。如存在剽窃抄袭等侵犯他人的版权的，或者含有国家规定禁止传播的内容，等等，类似的版权资源都应排除在外。

版权业务制度对于版权合同的内容条款也应予以重点关照。版权获取最关键的工作即是版权合同内容的起草与谈判，因而企业版权制度应大致规范版权购买合同的主要条款，以指导版权获取实践。一般而言，版权合同的主要条款应该包括权利担保条款、许可权利种类条款、许可范围与方式条款、付酬条款和争议解决条款等。首先，许可方和出让方享有其欲许可或转让的相应合法权利是签订合同的前提，也是出版企业等受让方得以“名正言顺”地行使相应权利的基本条件，因而权利担保条款是版权合同中最基础的条款。许可的权利种类是版权合同的核心内容，通常是指版权的财产权利（涉及人身权可能置合同无效）。这一条款的准确表述，将明晰版权交易双方各自享有的权利范围，既可以明确出版企业能够合法进行开发版权资源内容，也能在产生纠纷时有针对性地维权。版权许可还可以区分不同的地域和时间范围，因而对于不同语种、不同时间、不同地区的版权许可应有着选择性的合同规定。同时版权许可方式采用独占、排他或普通等授权形式，都必须在合同中予以重点体现。至于版税等酬金的支付标准，同样也是版权合同的重要内容，不仅应该在合同中写明具体数额和比例，付款的程序同样要在合同中写明。合同最后的争议和解释条款是合同双方约定的争议解决方式，我国出版企业为了维护企业合法权益，制度中应明确版权合同应尽量选择中国法院作为受理法院（或选择我国境内的仲裁机构），并约定在解释合同和争议时适用中国法律。版权合同包含以上的主要条款，可以降低出版企业在版权获取中的侵权和产生纠纷的危险，为进一步的版权开发创造条件。

版权制度同样要对版权获取的程序做出严格规定。鉴于版权获取过程存在一定的风险性，因而版权制度应规定从版权资源的选取，到版权合同的拟定，再到版权合同的签订，主管版权作品开发的负责人每一步都应通知版权部门并得到同意后方能展开下一步的工作。如此严谨的程序规定，才能保证企业版权业务实体层面的工作不致出现讹误，避免纠纷并提升业务效率。

②版权合同登记的内容与程序

版权合同的登记，便于出版企业版权部门集中向版权行政管理部门予以申请登记，从而获得相关证明以保护企业合法权益，也便于出版企业统计和利用版权资源，实现资源的优化配置。

版权合同登记的内容，包括国内版权获取合同登记和各类境外版权作品合同登记。作者的版权保护自动产生，而出版企业的出版权保护则需要合同来证明。经过在版权行政管理部门登记后给予的登记证书，即为出版企业获得合法授权的最有力证据。出版企业将已办理登记的版权合同作为证据使用，法院也会将许可使用费作为计算版权侵权赔偿额的基础。出版境外版权作品合同按照国家相关规定必须予以登记，因而出版企业各种有关境外版权作品出版的合同，包括复制境外音像制品委托合同、出版境外电子出版物合同、出版境外图书合同和出版境外音像制品合同都需要登记。出版企业有关境外出版合同的涵盖范围与登记要点可参照表 5 – 5。

**表 5-5 出版境外作品合同登记法规依据**

| 合同种类 | 国家版权局颁布的相关合同登记法规 |
| --- | --- |
| 复制境外音像制品委托合同 | 《关于对复制境外音像制品委托合同进行登记的通知》(1994 年 9 月) |
| | 《关于复制境外音像制品合同进行登记的补充通知》(1995 年 5 月) |
| 出版境外电子出版物合同 | 《关于对出版和复制境外电子出版物和计算机软件进行著作权授权合同登记和认证的通知》(1996 年 8 月) |
| 出版境外图书合同 | 《关于对出版外国图书进行合同登记的通知》(1995 年 1 月) |
| 出版境外音像制品合同 | 《关于对出版境外音像制品合同进行登记的通知》(1995 年 1 月) |
| | 《关于出版境外音像制品著作权合同登记工作有关问题的通知》(1999 年 6 月) |

出版企业版权合同的企业内部登记程序，应该由具体选题负责人填写版权合同登记申请表，经相关编辑部门负责人审定确认后，连同版权获取过程中的企业批注文件等相关证明一并交给负责选题开发的版权工作人员。在审查材料是否齐全后提交出版集团版权部，经集团版权部门确认后纳入信息库，从而完成版权合同的正式登记。

③ 版权开发的内容和程序

版权管理制度中应明确能够进行开发的权利内容。首先，应该明确能够开展版权开发的作品不存在版权纠纷，而且在版权获取合同中关于权利内容、语言种类和地域范围等规定符合企业进行战略性开发的需要，由此才能确保版权开发的法律基础和经济效益。其次，版权管理制度还要明确出版企业版权开发的对象主要是作品的财产权利，如按我国著作权法规定可以具体分解为 13 项权利：复制权、发行权、出租权、展览权、表演权、放映权、广播权、信息网络传播权、摄制权、改编权、翻译权、汇编权及应当由著作权人享有的其他权利。此外当版权开发的销售对象涉及西方国家版权市场时，包含的权利内容将更为复杂。如连载权、大众市场版权、图书俱乐部版权、有声读物版权、缩写本版权、精装重印书版权、形象使用权、“追续权”、“公共节约报酬请求权”等经济权利。以上权利内容，都应该成为出版企业对版权资源进行开发的对象。

出版企业版权开发的程序，应规定一部作品若要进行版权后续开发，应由作品责任编辑向相关编辑部提出意向，获得肯定后由编辑部门向版权部门提出版权开发申请，版权部门组织有关人员审核后报交企业相关负责人批准，并指定专业版权人员参与项目的版权开发工作。此外，在版权开发具体工作中，涉及版权合同签订等决策性事宜时，应认真听取版权工作人员的意见。版权开发合同签订后应尽快向企业版权部上报予以登记。

④版权保护的内容与程序

首先，版权管理制度应明确企业侵权和被侵权两个方面都是出版企业版权保护工作的主要内容。版权制度的作用就在于强调维权，要求全体员工在出版工作中要增强版权意识，不侵害他人合法版权，同时全体员工都有责任和义务保护企业的版权不受他人侵犯，一旦发现侵犯行为，应及时向版权部门汇报。

出版企业成为版权纠纷的被诉对象，通常是源于授权问题而产生的侵权纠纷和合同纠纷。如在出版实践中可能存在超出作者出版合同授权范围的现象，也可能存在于同其他出版企业版权转让权利内容归属不明的合同纠纷中。除此之外，也有一些版权纠纷因作者剽窃抄袭而起，但出版企业把关不严同样成为被诉对象。按照侵权行为侵害的权利种类，出版企业侵权行为可以分为侵犯署名权的行为、侵犯发表权的行为、侵犯发行权的行为，等等。而以上列举的侵权行为一旦得以确认，出版企业予以相应赔偿则必不可少。因而，出版企业的员工在相应具体工作环节中，应注意规避存在的版权风险，以免产生版权纠纷。

出版企业在实践中也经常成为被侵权的对象，甚至在一定程度上打击侵权行为成为出版企业版权部门的主要工作。具体的侵权形式十分复杂，常见的有非法复制盗版侵权、剽窃抄袭侵权、非法网络转载侵权等。按照我国版权法的规定框架，如果出版企业通过版权合同获得所有作品财产权利的授权后，只要他人未经出版企业明确授权而使用版权合同中的某种权利就构成对出版企业合法权利的侵害。随着网络技术的发展，各种各样的数字侵权形式对出版企业的版权构成越来越大的威胁。因而，出版企业版权制度应该在规定中尽可能列举当下可能存在的侵权形式。

其次，出版企业应在制度中明确具体的版权纠纷应对机制。在出版实践中，并不是所有版权纠纷都需要对簿公堂，国内外很多版权纠纷最后都是以和解的方式来解决。这也是大部分民事官司的常见解决方式。这种和解，通常是双方在各自充分举证的背景下完成的对各自权利的最大维护。而关于是否侵权的分析以及侵权证据的调查，就成为出版企业版权纠纷应对工作的重中之重。可以说，出版企业的版权纠纷应对机制，最重要的工作就是侵权论证部分。对于纠纷解决方案制定等后续工作而言，如果侵权论证存在失误，可能会造成方向性的错误，因而在版权制度中要规定一些指导原则。具体而言，无论是收到其他出版企业或个人的侵权通知，还是发现其他企业或个人侵犯本企业的版权，侵权论证的内容应该大致包含以下要点：调查作品的权利状态；核实对方和己方各自的权利状态；版权合同是否存在瑕疵；确定侵权的具体理由；确定侵权行为与结果的因果关系；确定行为是否属于法律法规界定的法定许可或合理使用等能够减轻或免除责任的情况；调查作品是否登记以及登记涵盖内容情况；调查作品所涉及的权利的相关利害关系人①。通过这些审查，在接到侵权警告信时，能够发现对方是否享有该权利的真实证明资料，出版企业所实施的行为是否构成了侵权。在企业被侵权时，可以确认自身是否拥有权利的合法来源，对方能否提供有力资料证明其行为的合法性，因而可以确定本企业的版权是否受到非法侵犯。这一类的侵权论证程序，应该由企业版权部来组织完成。如果出现无法确定或存有疑点的情况，应立即咨询相关专家，从而实现对版权纠纷性质的正确判断。

（3）版权奖惩制度

版权奖惩制度制定的目的和作用在于调动员工的积极性和创造性，激励企业员工在具体出版业务中重视版权保护和版权运营。对版权保护工作，出版企业将定期或不定期地对有关人员给予相应的精神或物质奖励，或通报批评、处罚。集团企业所有单位与个人都必须严格遵守企业版权奖惩制度，而且任何单位和个人有权监督该规定的执行，并有责任劝阻、制止和举报违反该规定的人员和行为，对举报有功的单位或个人同样予以保护和奖励，以此来推进企业的版权战略管理工作。

奖惩的具体标准在制度中要予以明确。比如，出版企业可以在制度中列举企业“优秀版权工作者”的具体要求，即企业员工达到规定要求或做出类似贡献的可以获得此奖励称号并获得相应物质奖励。具体要

① 李德成、杨安进、金铮、李艳新：《著作权战略、管理、诉讼》，北京：法律出版社，2008，第33页。

求可以包括：为企业版权培训、普及以及版权战略管理工作做出突出贡献的人员；为维护企业权益，挽回企业因侵权而遭受的损失，做出重大贡献的人员；在版权获取和版权贸易中解决关键问题，做出突出贡献，为企业获得较大收益的人员，等等。反之，对于那些应该惩罚的现象同样应予以具体列举。如对版权资源审查不严引起纠纷；未及时申请版权登记或未采取其他保护措施给本企业权益造成损失；接到盗版等侵权举报未及时上报；在打击侵害版权行为中徇私舞弊；等等。对发生这些失职情况的责任人应及时给予相应惩处措施。

版权奖惩制度的具体实施形式，一般是通过从物质和精神两方面采取一定措施来刺激员工对于版权工作的重视。版权方面的工作开展得较好的员工则予以一定奖励以形成榜样效应，鼓励员工认真学习。而在出版业务中忽视版权保护而造成企业损失的员工则应予以一定惩罚以树立反面典型，防止类似事件在企业内的再次发生。就奖励而言，其形式可以包括：精神奖励，如表扬、表彰、授予荣誉称号、事迹记入《企业大事记》等奖励；物质奖励，如奖金、住房、交通、物品等奖励；情事奖励，如解决子女就业、解决配偶调动、出外度假、进修学习等奖励。一般而言，奖励方式应是精神与物质并重。就惩罚而言，其形式可以包括单处或并处责任人以通报批评、扣发奖金、降职处分等。

版权奖惩制度的执行应规定一定的程序。根据奖励对象的不同，单位或个人在申请奖励时应先填写版权奖励申请表，呈现工作业绩并陈述申请理由。个人申请表应先递交所在部门予以初审，确认后递交集团版权部门予以审核。单位申请则可以直接交于集团版权主管部门审查。版权部审查无误后，邀请各部门主要负责人进行公开评比，按照一定的评分标准分出等级排名，公选结果经过公示后，才能最终获得相应奖励。至于惩治相关责任人的程序，集团版权部有权直接予以调查版权业务失职情况，确认存在侵害企业版权问题后，对相关单位或个人的处罚决定予以公示。在公示期内被处罚人可以积极辩解或递交有利证据，如能证明出于不可抗力或其他外界因素影响，则可根据情况减轻或免于处罚。公示期过后则执行相应处罚决定。

（4）版权培训制度

版权教育与培训的目的是提高企业员工的版权意识和法律知识。这是企业版权战略管理工作的基础，因而应该在制度层面加以规制。

版权培训制度应明确此制度是企业各部门以及所有员工必须遵守的规定，强调版权部门的培训权利和企业员工的学习义务。企业版权部门有责任和义务负责企业版权知识的宣传和教育工作，有计划地组织对干部、职员进行系统的版权法律知识教育与培训。同时企业所有员工和单位有义务遵守版权培训制度的内容规定，严格遵照版权部门的培训安排。不遵守版权培训制度规定的单位或个人，将按照情况严重程度予以相应处罚以保证版权培训制度的有效实施。

版权培训的内容，一般应该包括：介绍版权保护的原理以及我国现行著作权法相关规定；解读国家颁布的有关版权法律、法规及其有关法律解释，并分析其对企业出版业务的影响；解读相关国家的版权立法和国际版权公约、惯例方面的情况和相关案例；解读国际出版集团的经典版权运营等。此外，针对一些特殊的培训对象，版权培训的内容也应有所差别。如对于出版企业新进人员在分派到岗位之前，应对其进行版权法律知识的教育；对于外派出版业务代表应事先就版权保护进行专门教育，防止异域侵权；对于即将调出或离职的干部、职员，应专门就版权保护问题进行教育，明确其在离开企业之后仍须承担已经许诺的保护企业版权的责任，并要求其在离开企业前，必须将在公司从事工作的全部资料文档及时交还公司。

版权培训可以以多种方式进行。首先，版权管理部门可以定期安排相关课程对员工进行版权培训。在这种培训方式下，企业可以针对版权战略管理的需要，安排一些进修课程供员工选择，员工也可以根据自己需要选择参加相关课程的培训。培训的课程内容可以包括版权保护的法律法规、相关案例，最新版权发展动态讲座等。其次，企业还可以选派员工参加外部培训。如对企业的版权业务骨干、中层管理干部，出版企业应当定期选派相关员工参加外界的版权培训，了解版权业务最新发展动态，同其他出版同行接触认识、互通信息。在外部接受培训后，派出员工将学习所得加以整理，结合企业特点和实际需要，对企业员工进行新一轮培训。同时，可以把获取的版权信息整理成资料汇总到集团版权部，以便于整个企业的所有部门查阅和了解版权市场发展动态。此外，企业还可以不定期地聘请专家进行版权业务专题报告。聘请的专家可以来自产、学、研三界，通过他们的讲座既可以增加员工的版权专业知识，还可以通过知名专家的影响力扩大企业的社会知名度。产业界的专家带来的真实案例解读，能够强化员工的版权保护意识和版权开发信心。学界的专家能够阐释出版业务中版权问题存在的原因并指出企业应注意改进的业务环节。而专业的研究人员能够讲解版权保护技术或版权开发系统的作用以及使用知识。专家的现场传授，不仅能及时解答员工对一些版权业务存在的疑问，而且现场的互动效应还可以激发员工学习版权知识的积极性和主动性。

## 5.3 出版企业版权文化的建构

出版企业版权文化包括企业版权意识、价值观念、精神等方面，它对版权业务的影响与出版企业版权管理制度的直接性、强制性和他律性不同，体现出鲜明的间接性和自律性等特征。出版企业版权文化能够潜移默化地影响员工的版权意识并渐渐演变为习惯，进而发展成传统，最终形成被普遍接受的文化约束力。在出版企业版权战略管理中，观念层面的版权文化往往比刚性的版权制度更有生命力，也更具稳定性，而且还可以为出版企业版权制度的运行创造良好环境。因而，出版企业版权业务的战略化开展，除设置科学的组织管理体系和制度管理体系外，企业版权文化的构建也显得尤为重要。

### 5.3.1 出版企业版权文化的内涵与作用

版权文化近年来开始受到越来越多的关注。但什么是版权文化，迄今为止还没有一个广为认可的说法。人们对版权文化的认识，大都源自知识产权文化这一概念，因而在理解版权文化之前需要对知识产权文化加以解读。

(1) 知识产权文化

为寻求知识产权制度在全球更广泛的认同，以及为各国在知识产权制度实践中面临的问题提供一个新的解决思路，世界知识产权组织（WIPO）在2003年底召开的计划和预算委员会第七届会议上正式提出了“知识产权促进发展与繁荣，建立知识产权文化”的构想，首次明确提出知识产权文化这一概念①。而关于知识产权文化概念，虽然尚没

---

① http：// www. wipo. int/documents/en/document/govbody/budget/2004_ 05.

有绝对权威的界定，但目前在我国存在一些比较有代表性的观点："知识产权文化是在中国传统文化的基础上，结合现代科技、经济和社会发展的国内外环境，经过人们继承、丰富和发展而来的，在世界科技经济一体化和政治、文化相互交流与融合的潮流中逐步形成的新型文化形态"。[①]"知识产权文化是指在人类历史发展进程中积累下来并不断创新的有关知识产权的法律制度、认识态度、信念评价、心理结构、价值体系和行为模式的有机整体"。[②]"知识产权文化是人类在从事与知识产权有关的活动中逐渐产生的，影响知识产权事务的物质现象和精神现象的总和，主要包括人们关于知识产权的认知、信念、意识、价值观以及涉及知识产权的行为方式"。[③]

从以上观点我们不难看出，知识产权文化有广义与狭义之分。广义知识产权文化包括意识和制度两个层面，而狭义知识产权文化则仅指意识层面的知识产权文化。从知识产权文化建构主体来看，在国家层面，不同国家将建构符合其民族文化特征的国家知识产权文化，如我国国务院在 2008 年 6 月 5 日发布的国家知识产权战略纲要中，明确地提出了培育和建设知识产权文化的战略议题，强调要加强知识产权宣传，提高全社会的知识产权意识，在全社会弘扬以创新为荣、剽窃为耻，以诚实守信为荣、假冒欺骗为耻的道德观念，形成尊重知识、崇尚创新、诚信守法的知识产权文化。而企业层面的知识产权文化，则指企业关于知识产权现象的态度、价值、信念、心理、感情、习惯等共同构成的复合有机体，是企业在长期的发展过程中形成、积累、提炼并倡导的一套关于知识产权的优良作风、行为方式、价值理念以及企业精神[④]。

（2）版权文化

版权文化是由版权观念的意识形态以及有关版权的法律制度、组织结构、价值意识、心理结构和学术思想等构成的有机整体。它既体现了人类在智力成果创造上的聪明，更反映了人类在制度和观念创新上的智

① 郭民生：《理解知识产权文化的基本内核》，《创新与科技》2005 年第 48 期。

② 周德胜、贾叔志：《浅谈我国企业如何加强知识产权文化建设》，《集团经济研究》2007 年第 9 期。

③ 马维野：《论文化和知识产权文化》，《中国知识产权报》2005 年 9 月 30 日。

④ 李勇、鲍民明：《论企业知识产权文化的建构》，《韶关学院学报》2007 年第 1 期。

慧，它是一个明达的、充满活力的文化范畴[①]。版权文化与出版企业的结合催生了新的文化范畴——出版企业版权文化。这一文化范畴在概念上从属于企业知识产权文化，带有知识产权文化范畴的共性特征，但与其他企业知识产权文化相比而言，也存在着一定的特殊性。

出版企业版权文化，是出版单位企业文化的一部分，它强调出版企业在构建反映企业奋斗目标的整体企业文化过程中，要充分考虑到版权的重要性。由此要求在出版企业各项制度中强调版权意识，如强调对作者权益的尊重以及对出版企业自身权益的维护，等等。出版企业文化这一概念同样有广义和狭义之分。广义包括出版企业版权意识和出版企业版权制度两个层面，而狭义的出版企业文化则仅指版权意识层面的文化建设。实际上，版权意识层面的文化建设是出版企业版权文化构建的核心，版权制度则是出版企业版权文化的外在表现。因此，本文所探讨的出版企业版权文化，系指出版企业对待版权的态度、信念、心理、感情、习惯等共同构成的整体意识。是出版企业在长期从事版权业务实践中所积累、形成的一系列关于版权的良好作风、行为方式、价值理念和企业精神。

（3）出版企业版权文化的作用

出版企业版权文化的构建，能够在企业内部塑造出浓郁的版权文化氛围，使企业员工知版权、爱版权、重视版权，明确从事版权工作的真正含义，从而为企业版权业务的战略化开展，提供良好的外在环境。

美国著名战略管理专家威廉·R. 金以及戴维·I. 克里兰指出，“多年来对各种商业组织和公共机构制定和实施长期规划过程中的咨询经历中，得出了一项已为经验所证明的结论：一个组织的长期规划成功与否，同用于规划的具体技术关系不大，而更多的是取决于使规划的制定得以完成的整个文化系统”[②]。与其他企业一样，出版企业版权经营决策是在一定的观念指导和文化气氛下进行的，其决策基础不仅缘于领导层的观念和作风，还取决于整个出版企业的精神面貌和文化氛围。出版企业版权文化的构建，明确了企业的版权价值观，表明了企业所倡导和遵循的版权原则，并以此指导员工的具体版权业务行为，使员工在企业

① 张梅：《创新与版权文化建设》，《领导理论与实践》2007年第4期。

② 徐耀强：《把握企业战略的文化属性》，《商业文化》2007年第4期。

版权文化所倡导的范围内活动，从而最终推动出版企业版权业务战略化管理的顺利实现。

### 5.3.2 我国出版企业版权文化的建构

(1) 出版企业版权文化的构建目标

出版企业版权文化的构建，首先，应使员工明确版权保护的真正含义，理解版权这种无形产权必须得到与其他有形产权一样的严格保护。其次，要在企业范围内营造版权经营理念，以适应现代出版业迅猛发展的大环境。

①理性权利观念的树立

与有形财产权利普遍受到尊重不同，人类对版权的理性认识经历了一个漫长的阶段。从中世纪爱尔兰"牛犊归母牛"传说中展现的版权意识萌动，到《星法院令》版权特许制度的出现，再到 1709 年第一部版权法《安娜法令》的正式颁布，版权的权利性质从无到有经历了千余年的发展历程。此后，随着国际间版权领域交往的事宜增多，国际间对版权权利的互相承认也在《伯尔尼公约》《世界版权公约》以及《与贸易有关的知识产权协议》的框架下得以实现。至此，版权这种无形权利在世界范围内与其他有形财产权利一样受到普遍保护。在版权保护的发展过程中，中国的版权保护之路尤为漫长和曲折。中国的版权保护意识萌发很早，如据宋代新安人罗壁所著《识遗》关于"禁擅镌"的记载[①]，已与现代版权意义上的专有出版权颇有相似之处。此外，晚清版本学家叶德辉所著《书林清话》中引述了南宋时期刻印的《东都事略》一书中的一段牌记言："眉山程舍人宅刊行，已申上司，不许复板。"这一牌记与今天的书刊版权页上的"版权标记"以及"版权所有，违者必究"声明在实质上并无二意。从这两段史料中我们可以看出，中国的版权保护起源很早。然而时至今日，我国版权保护意识也不尽彻底，比如曾经在鲁迅笔下充满讽刺意味的"窃书不算偷"的观念，在今天

① 在北宋前期，朝廷为保护《九经》(即五代蓝本《易》《诗》《书》《周礼》《礼仪》《礼记》《左传》《公羊传》《谷梁传》) 刻本不致出现讹误，如果要刻印，须申请国子监对《九经》刻版、印刷、出版的专有权。这已与现代版权意义上的专有出版权颇有相似之处。

依然有迹可寻。随着我国版权保护法律体系的不断完备，“窃书就是偷”的版权保护观念理应得到大多数人的认同。而作为出版文化作品的出版人，更应树立明确的版权保护意识，从而推动文明的传承与创新。

出版企业正确的权利意识首先应体现为对他人版权的绝对尊重。既然版权是作者或其他人的合法权利，出版企业在版权业务往来过程中就应绝对尊重对方的权益。而且在整个出版业务流程中，版权资源的获取与管理，是出版企业做强做大的关键所在。因此，无论是从尊重他人私权的角度还是保证出版企业发展的角度，出版企业都应坚持对他人版权的绝对尊重。然而，我国出版企业却常常因为版权意识的相对淡薄而引发一些纠纷。经常审理这类案件的北京市海淀区人民法院知识产权庭，通过对近3年审结的49起图书出版类纠纷案件进行调研，归纳和总结出此类纠纷的四种类型：抄袭或剽窃纠纷、稿酬支付纠纷、出版者无授权或超授权纠纷、作者重复授权纠纷[①]。在这四类出版纠纷中，除最后一种属于出版企业较难预料的外，前面三种纠纷的出现应该说都是由于出版企业未能充分尊重他人版权所致。就抄袭和剽窃版权纠纷而言，出版企业至少存在着过失侵权。如2006年12月3日《中国青年报》刊登了北京市高级人民法院对“庄羽诉郭敬明抄袭”一案的判决，其中提到相关公示费用将由郭敬明和春风文艺出版社承担，这证实了出版社在剽窃与抄袭纠纷中不能以“文责自负”来逃避侵权责任。而就稿酬支付纠纷而言，在法律层面则可以归因为关于版税合同的违约侵权。如依据国家版权局发布的《书籍稿酬暂行规定》，出版图书按照字数给付基本稿酬，并且按照印数给付印数稿酬，而在实践中会出现出版企业少报印数以减少版税支出的现象，这是典型的违约行为，百家讲坛主讲人袁腾飞与磨铁文化公司对簿公堂亦是缘由于此。此外，未经授权或超出授权范围使用作品是出版企业版权意识缺乏的极端表现，也是大部分版权纠纷诞生的主要原因。这类纠纷表现形式主要有：出版企业未经作者许可即授权第三方出版图书或未经合作作者同意而出版图书，或者超出作者合同的授权范围出版图书，如将简体版以繁体版出版，或将中文版以翻译版出版，或者以修订版的形式出版先前出版过的图书，等等。此类

① 张宏：《出版界四类纠纷多：多位文化名人涉案》，《新京报》2010年5月13日。

案件比较典型的当属叶兆言起诉陈彤《马文的战争》侵权案。此案受理法院一审判决，要求北京大学出版社赔偿叶兆言40万元，并与作者共同支付叶兆言为制止侵权行为所花费的3万余元。从以上所列举的版权纠纷类型及案例来看，出版企业如果不树立绝对尊重他人版权的意识，不仅不能维护与扩充企业的版权资源，而且还会为出版企业带来业务上的纠纷与财产上的损失。因此，出版企业版权文化必须强调对他人版权的绝对重视。

其次，追求维护自身版权也是现代版权意识的积极体现。相较于不侵权而言，鼓励积极主动地维权更能体现出版企业对版权权利特征的理性认识。而从目前来看，由于未能在出版企业文化中突出版权的重要性，我国出版企业在维护自身版权方面仍然存在很多问题。首先，大部分出版企业在思想观念层面仍然认为打击盗版维护版权应该以政府为主，自己牵头则不切实际，因而没有打击盗版的主动性。其次，一些出版企业不愿意在打击盗版维护版权领域加大投入，但却期望由此获得较大的补偿。而维护版权是一项系统地工作，从发现线索到深入调查取证，乃至通过民事的、行政的、刑事的法律手段保障自身利益，是一个艰苦、漫长的过程，对此出版社往往缺乏基本的思想和物质准备，由此而带来的困惑与压力又严重干扰了出版企业开展打击盗版等维护版权工作的决心。此外，出版企业未能从打击盗版维护版权的行为中看到直接效益，因而难以出台必要的激励机制，不利于调动出版企业从事该项工作的人员的积极性，进而导致这项重要工作成为“烫手山芋”无人问津。随着出版产业化进程的不断加快，我国出版企业运用法律手段维护自身合法权益的意识和行动逐渐增强。这方面已经有了一些先行者。如自2004年至2007年，“京版十五社反盗版联盟”集体反盗维权行动共查处隐藏盗版图书的仓库21处，使用盗版图书的学校83所，批销盗版图书的书店385家，处理各类版权纠纷58件，商标纠纷21件，21人因涉嫌刑事犯罪被拘捕，其中已经受到刑事处罚的涉案人员17人，涉案码洋共计5000多万元，索赔款1000多万元[①]。人民出版社也于2010年初成立了教材著作权保护的专门机构，针对使用人民版高中历史教科书

---

① 王佳欣：《出版社自发维权渐入佳境》，《中国新闻出版报》2007年12月21日。

的16个省份开展维权工作[①]。辽海出版社为严惩盗版，维护知识产权，已在社内设置“打盗维权”办公室，配有6名专职人员负责在辽宁省内各市做版权维护“打盗”工作[②]。这些专门维权机构的设立和反盗版联盟的组建，表明我国出版企业开始意识到，企业的版权保护更应体现为积极、主动地采取措施去维权。因此，在构建出版企业版权文化过程中，不仅要坚持对他人版权的绝对尊重，更应提倡对企业自身版权的主动维护。

② 版权经营理念的营造

版权经营在我国尚属新兴事物，目前尚无权威的概念界定。一般而言，版权经营是指将版权这种无形财产作为一种经营资本，对其进行的筹划、管理、开发和交易等活动，这些活动经常表现在对版权资源的系统演绎和多元化开发。但有学者指出，版权经营不只是一种活动，更是一种理念。这种理念至少包括以下四项思想：一是承认版权是作者因创作行为而产生的民事权利，故能依法进行版权财产交易；二是应当将版权视为文化产业特别是出版产业的重要资源；三是版权的巨大潜在价值需要进行系统开发；四是版权需要交易以实现版权效用，从而最大限度地维护版权人的权益[③]。版权经营最终将落实为具体的版权业务活动，而这种活动在宏观上应受到正确版权经营理念的指导。因此，在出版企业版权文化的构建中，必须营造适应出版市场竞争环境的版权经营理念，以指导出版企业开展版权经营业务。

从目前出版企业版权经营管理现实来看，我国出版企业应尽快树立版权经营理念。与欧美大型出版企业相比，我国出版企业无论在版权经营理念还是版权经营手段方面都显现出巨大差距。出现这种差距的主要原因就在于欧美出版企业对版权的资源特征已经有了普遍性的共识，并且在长期的出版市场环境下，也已经对版权资源的具体经营手段有了更深层次的认识。在其版权经营理念的指导下和充满竞争性的版权经营手段配合下，欧美出版企业长期在国际版权贸易领域占据垄断地位也就不足为怪。而我国出版企业版权经营理念的淡漠，导致版权经营业务发展

---

① http://www.surecn.com/info/201081/201081225552.shtml.

② http://www.mxwz.com/comp/view_xx.aspx?ID=606729.

③ 常青：《论版权经营理念》，《编辑之友》2006年第2期。

相对缓慢。我们长期耿耿于怀的版权贸易逆差，实际上就是中外出版企业版权经营理念有无和强弱的外在表现。因此，我国出版企业应改变版权管理观念，强化版权经营理念，突出版权资源获取与开发在出版企业发展中的战略地位。

从企业文化角度来看，在出版企业文化层面提倡版权经营理念，能够促进企业将版权置于经营资本的地位进行思考、管理和经营，从而实现版权资源价值的最大化。版权经营理念的提出与坚持，将使全体员工明确：版权是出版企业生存的最重要资源和发展的核心动力。对于这种资源，不仅要竭尽全力予以保护，还要充满智慧地予以开发和经营，从而实现版权资源的巨大潜在价值。在这种版权经营理念的指导下，出版业务的各个环节将会有意识地关注产品的版权价值是否体现。

（2）出版企业版权文化的构建方式

在关于企业文化的构建研究资料中，一般从企业制度文化、企业精神文化和企业环境文化三个角度去阐释企业文化的具体构建模式。本文所探讨的出版企业版权文化，着重强调的是企业版权精神文化的塑造。因而，本书认为出版企业版权文化的构建需要两个方面的努力：一是强调版权制度体系的构建和绝对遵守；二是加强版权培训以塑造企业版权文化环境。

①强调版权制度的绝对遵守

出版企业版权制度体系可以看做是出版企业版权文化的显性表现。它昭示着企业管理层对于版权工作的高度重视，提醒版权战略管理是企业发展的重中之重。然而，没有执行力的版权制度体系仅仅是一纸空文，尚不足以引导企业正确开展版权业务。而制度的有效贯彻和绝对遵守则会在企业发展环境中形成一些尊重版权、爱护版权的普遍准则。而这些长期坚守的准则又会在刚性制度的约束下促使全体员工接纳为一种习惯，这种习惯的长期坚持即会潜移默化地渐进成为企业的版权文化。

对于出版企业版权制度的绝对遵守，首先，应体现在企业对预防侵权的高度重视。而在版权业务的各个具体环节中，这种重视都应有所体现。如在版权获取过程中，出版企业应强调审慎检查义务，突出重视版权保护的精神。在选取目标版权时，既要强调厘清目标版权资源权利真正归属，防止出现授权不明引起纠纷，还要审慎检查版权文本的具体内容，并且明示作者一旦出现因剽窃、抄袭等引起的版权纠纷，企业将按双方协议追究其民事赔偿责任并将其列入本企业“不良作者”黑名单，今后将永不合作并晓谕同行。而在签订版权合同时，更应强调对合同文本内容的审查，对权利内容、付款规定等进行详细检查，以免出现不必要的合同纠纷。此外，在版权贸易过程中，强调对样书、预付款等规定的严格遵守，形成诚实守信的版权贸易风范。而在版权业务整个过程中，一旦出现失误导致侵权或违约，企业应强调在确认无误后第一时间承认错误并承担损失。这种坦诚对待侵权行为的作风，对外能够树立出版企业诚实、严谨、专业的版权业务形象，以获得更高的版权市场影响力，对内则会形成一种绝对尊重版权的普遍文化约束力。

其次，对于出版企业版权制度的绝对遵守，还应体现在企业敢于坚决维权。对企业版权利益的坚决维护，不仅能够打击侵权者的违法行为，而且能够在更大程度上维护作者等版权创造者的权利，从而树立全面的版权保护企业形象。这一企业形象的树立，既能震慑不法分子对企业版权产品进行盗版的觊觎之心，又能在版权资源市场产生强大的号召力，以吸引更多的优秀版权资源加盟。而尊重版权形象的树立，需要企业强调版权销售后期法律服务工作。比如，在版权产品进入市场后，应组织专门的版权部门人员对市场进行严格的监督，对一些有违法嫌疑的地区和市场，则应联系当地版权行政部门进行重点突击，以打击侵权行为。一旦发现有侵害企业版权现象的发生，应当在取证后发出律师函，提出解决建议。如果建议不能被侵权者采纳则应尽快采取行政或诉讼的措施制止对方的侵权行为。在坚决维权的过程中，应该始终坚持一个重要版权工作原则，即不计成本地打击侵权行为。只有坚持这一原则，才能在漫长的维权道路上获得收获，也才能昭示出版企业维权的决心，也才会最终收获版权市场的青睐。

此外，对出版企业版权制度的绝对遵守还应体现为版权奖惩制度的有效贯彻。版权奖惩制度作为企业版权战略管理的激励机制，必须得到真正执行才能激发企业员工尊重版权、保护版权和开发版权的动力，进而形成一种文化习惯以约束和指导版权业务。因此，当员工在版权业务工作中表现出色时，就应兑现承诺予以奖励，以树立正面典型激励更多员工效仿。即使为企业版权保护工作做出贡献者非本企业员工，同样也应给予相同奖励，甚至更多。如一些盗版信息提供人员，他们获得奖励后会形成巨大的传播效应，从而使企业可能会获得更多的盗版信息来源，进而减少企业损失。与此同时，对于那些在版权工作中态度懈怠、懒散的员工，应及时地予以严厉批评和教育，对于那些由于工作不认真而给企业造成版权损失的员工则应严格按照制度予以相应的罚款、降职、开除甚至移交司法的处罚，已警示全体员工理解版权保护工作的极端重要。版权奖惩制度的充分贯彻，能够激励员工版权工作的积极性，长期坚持这种激励将成为企业版权工作追求完美的一种内在动力，进而形成一种人人重版权、爱版权、护版权的企业文化，为企业版权业务的顺利开展提供有利的环境氛围。

②版权培训的长期开展

出版企业进行版权文化建设，除强调版权制度的刚性执行外，版权培训的长期开展也是构建版权文化的主要方式。通过系统地在企业内部宣传版权，能够普及版权知识，强化企业的版权意识，提高出版企业领导层和员工版权保护意识和战略意识，使他们充分认识到版权是法律确认的重要的无形资产，是企业扩大市场份额和提升竞争力的重要手段，与出版企业经营管理和发展壮大息息相关。具体来说，出版企业可以从以下两方面加强版权意识的宣传与普及，以促进版权文化的形成。

首先，定期开展版权保护法律法规和相关知识的宣传与培训，提升员工版权保护素养。版权业务的有序展开需要以遵守国家法律法规为前提，因而企业应首先普及版权保护法律知识，把版权法律法规知识的普及纳入企业职工教育培训计划当中。这种定期开展的培训方式，既可以请本企业专业版权工作人员予以讲授，也可以聘请版权行政部门的领导来予以指导。企业内部版权工作人员主要对国家版权管理法规的文本解读进行面对面的传达，并结合本企业版权工作中的成绩和问题与员工进行开放式交流。企业外聘专家则会站在更高的角度讲授版权产业发展中出现的一些新问题，使员工了解宏观背景下版权工作的重要性。为配合版权培训工作的长期有效开展，出版企业应印刷一些版权知识手册，要求和鼓励员工进行学习。手册的内容则应结合讲座内容而定，包括法律知识解读、产业背景介绍以及典型案例分析等。

其次，不定期地开展多样化的版权交流活动。如邀请专家举办大型的版权报告会，了解国际版权产业的发展现状和国际版权贸易规则的变迁；举办各种针对性的版权培训班，了解版权运营过程中出现的新问题与新对策；举办与本企业有关的重大版权事件或案例的对策讨论，加强员工对企业版权保护与运营问题的深层认知；组织员工到版权保护先进出版企业访问学习，了解打击盗版的专业知识，等等。此外，举办版权知识竞赛，有奖鼓励员工参与版权问答等方式同样能刺激员工对版权工作的热情，以促使其形成严谨、认真、负责的版权工作态度。

## 5.4 出版企业版权信息管理系统的构建

随着信息传播技术的不断演进，出版企业版权业务的战略化管理，不仅需要组织、制度和文化等层面的有力支持，还应同其他企业一样构建相应的信息管理系统以提供技术支持。

### 5.4.1 版权信息管理系统的内涵与作用

（1）版权信息管理系统的内涵

随着信息技术的发展，如何对企业信息进行系统管理引发了中外学者的普遍关注。信息作为企业发展的重要资源，具有可利用、有价值等特性，同时信息还具备时效性、共享性、积累性和循环性等特征。因而信息资源的利用，需要由相互联系、相互制约的若干独立环节构成的一个有机整体来实现。而这样的一个有机整体就是系统，企业要系统利用信息资源，也就必须建立相应的信息管理系统。一般认为，所谓企业信息管理系统，就是运用现代化的管理思想和方法，采用电子计算机、软件及网络通信等技术，对企业管理决策过程中的信息进行收集、存储、加工、分析。从而辅助企业日常的业务处理，以至相应方案的制定和优选等工作，并且跟踪、监督、控制、调节整个管理过程的人机系统①。

随着传播技术的发展，版权管理的数字化也提上日程。如在政府层面，中国版权保护中心版权登记管理信息系统已经于 2009 年 3 月正式启用，初步实现了著作权登记申请和登记业务办理的网络化②。这个系统具有在线填报、登记受理、审查、审批、发证、公告等功能。该系统启用后，申请中国版权保护中心目前所负责办理的各种著作权登记，如软件著作权、软件转让和专有许可合同、作品著作权登记、著作权合同

① 胡璐：《论企业信息管理系统的应用》，《中国外资》2008 年第 11 期。

② http：//www.gov.cn/gzdt/2009－03/04/content_ 1249788.htm.

备案、著作权质押合同等，均可采取在线填报的方式申请登记。此外，全国首个省级版权综合服务信息平台于2010年8月在南京开通，门户网站江苏版权网为江苏省版权业打造了一个集版权登记、版权保护、版权鉴定、盗版监管、版权交易、版权执法和软件正版化推进为一体的版权综合性服务平台[①]。而在企业层面，出版企业为提高其版权保护水平和版权战略管理效率，必须构建科学的版权信息管理系统。而符合出版企业生产要求的版权信息管理系统，就是将版权信息的收集、储存、检索、查询、传播实现数字化、网络化、系统化，从而保证这些信息的即时性及增值功能。版权信息化管理意味着出版企业版权管理的现代化，能为出版企业版权业务管理提供必要的技术支持。

（2）出版企业版权信息管理系统的作用

出版企业版权信息管理系统的最大特征就在于将版权的日常管理以数字化的形式展现，因此，相比传统的版权管理而言，版权信息管理系统能够促进出版企业版权信息的快速获取和充分共享。

①版权信息资源的快速获取

出版企业对版权信息资源的获取，除版权工作人员通过人际交流方式主动获取外，通过版权信息管理系统进行自动甄别与获取也是一种重要的辅助方式。目前开发的许多企业知识产权信息管理系统，不仅建立了企业内部知识产权资源库，而且与外部许多知识产权中介平台实现网络连接。一方面可以即时向知识产权中介平台发布企业待售知识产权资源，与此同时，系统也能自动按照出版企业对信息的需求进行过滤、分类和收集，并且按照出版企业各部门对信息的针对性需求，及时将信息传送给相关部门负责人，从而促进问题解决的时效性。在国内版权信息管理领域，一些规模比较大的版权信息管理中介平台已经建立，如北京国际版权交易中心等已经成为版权交易的重要市场，中国版权保护中心委托太极公司开发的“著作权集体管理信息系统”，已经在全国内得到广泛应用。出版企业版权信息管理系统的建立与完善，将实现与这些版权代理平台的数字化对接，保证版权信息传播的时效性，以推进出版企业版权引进和版权贸易业务的快速发展。

②版权信息资源的充分共享

---

①　谭松枝：《江苏版权信息平台在宁开通》，《新华日报》2010年8月27日。

版权信息管理系统解决了信息发布和接收的传播障碍，从而确保企业内部能够实现必要的版权信息资源共享。在版权信息发布方面，在没有计算机、软件和网络通信技术的前提下，出版企业发布版权信息的方式大多采用开会、散发文件及印发书籍等手段。这种信息传播方式不仅发布成本较高，而且版权信息内容的传播速度、数量、更新等方面受到很大制约。而出版企业版权信息管理系统则能有效解决这些问题，大大降低了版权信息发布成本。在版权信息接收方面，版权信息管理系统解决了地域、时空、人际等方面的查阅障碍，即只要存在信息需求，版权信息需求者就可以在其权限范围内迅速通过系统找到自己需要的各种版权信息。这样就可以提高企业版权信息传播质量和企业版权业务管理效率，有力地发挥了版权资源在企业中的生产力作用。

版权信息管理系统能够改变版权信息的“孤岛”状态，使员工或部门的版权信息从隐性转变为显性进而实现信息共享。在出版企业没有版权信息管理系统之前，员工个人的大部分版权信息和业务经验仅存于自己的头脑中，一些部门的版权业务经验也仅仅停留在单个部门之内，造成版权信息的“孤岛”状态。所以当出现遗忘或人员流失等情况时，企业版权信息也就丧失了呈现的机会与可能，也就不能转变为显性知识，积淀为企业的版权财富。而版权信息管理系统使成员之间的版权信息与知识得到及时共享和交融，进而使隐性易逝的版权信息得到安全呈现，使得出版企业对于个别部门或员工的过分依赖性降低，从而避免出版企业因某些版权管理人员出走而陷入业务困境。

### 5.4.2 我国出版企业版权信息管理系统的构建

出版企业版权信息管理系统的构建目标，在于实现版权管理的信息化，推进企业版权管理业务的快速、准确与充分共享。因此，一个科学的版权信息管理系统应该具备版权登记管理、期限管理、综合检索等功能，并能根据国家法律制度，进行方便灵活的设定，自动计算各种期限日期。具体而言，出版企业版权信息管理系统的构建应该具备以下功能模块。

（1）版权信息数据库

版权信息数据库的构建是出版企业版权战略管理信息化的前提，因此出版企业的版权信息数据库在内容构成和技术支持等方面都应具备较高的标准。

在内容方面，出版企业版权信息数据库不仅要完全涵盖企业已有版权资源信息，而且要根据企业战略发展需要，建立版权资源数据储备。就传统出版企业来说，无论是多年来纸质出版业务的坚持还是近年来数字出版业务的开拓，企业版权资源已经有了一定的积累。为促进出版企业对现存版权资源的进一步优化配置，版权资源信息数字化成为必需完成的任务。而其具体表现形式，可以包括签约作者信息数字化、作品数字化，等等。将这些作者和作品的信息加以整合，即建立了出版企业最基本的版权信息数据库。除此之外，出版企业版权信息数据库的内容建设还应有所拓展，即伴随着企业发展战略的逐步实施或转型，数据库的信息接触面也应有所拓展，符合本企业出版特征要求的作家、作品以及权利归属等信息也应扩充到企业版权信息数据库中，以备企业领导和相关专业人员予以参考。

在技术方面，出版企业应建立多媒体信息数据库以支持版权的多元化开发。这就意味着出版企业的版权数据库不仅涵盖传统的文字版本，而且要支持大文本、图片、声音和视频等多媒体数据。随着数字传播技术的不断发展，媒介融合在出版领域也得到不断体现。目前欧美出版企业纷纷开发的有声读物（Audio book）即是这一代表。随着 ipad 等各种便携式终端阅读器的不断涌现，纯文本的图书市场吸引力实在有限，而支持大文本、图片、声音和视频的读物将逐渐引领市场。因而，出版企业有必要在版权信息数据库建设过程中注意多媒体化。这在技术上实现的难度不大，只是需要增加服务器容量和扩充文件的兼容格式等就可实现。

此外，在技术上还应解决数据库的合理扩充问题。数据资源的增加，除了企业专业版权管理人员定期予以更新外，还应全面支持员工自建库。即出版企业版权数据库除保持对基础数据表的支持外，扩展支持员工根据工作需要自建的数据库。这种扩展数据库的建设，能够使员工自行将获取到的国内外版权信息数据导入自建数据库中，经过版权工作人员把关后，可以作为出版企业内部公共版权资源，由此进一步增强了企业版权资源数据库的容量储备。

（2）强大的检索统计功能

检索功能是信息管理系统的必备功能，版权信息管理系统同样要强调强大的信息检索功能。也就是说，版权信息管理系统应该提供先进的信息搜索引擎，支持海量信息的集中管理与快速检索，具有查询不同类型的数据源、准确分词、快速返回结果以及支持海量数据的并发访问能力。具体到出版企业，则应通过版权信息管理系统能够查询到与目标版权相关的业务信息。如作者个人信息、作品出版信息、权利归属信息、稿酬支付信息、作品销量信息，等等。检索功能的完善是提高版权信息管理工作效率的重要法宝。因此，在构建出版企业版权信息管理系统时，应在建立丰富的版权信息数据库的基础上，建立快速反应的检索系统，以适应出版企业版权战略管理信息化的需要。

此外，通过对检索得来的数据信息进行统计分析，能为版权工作者的业务决策提供数据支持。如通过相关信息的检索，版权信息管理系统对单位内部版权业务所涉及的签约量、费用、资助、奖励以及法律状态等进行统计，对版权数量整体或某一时间范围变化趋势、部门或管理者的版权保护能力等方面进行分析，为出版企业版权战略决策提供准确、详细的资料。在此基础上，版权信息管理系统还应提供可自定义的统计报表工具，支持普通列表、组合报表、明细报表、分组报表、交叉报表等多种报表类型，并能够提供多种数据统计分析图表（如柱状图、饼状图等），以便于数据检索人员进行直观分析。

（3）准确的期限预警功能

版权业务既涉及法律问题，更涉及商业问题。法律需要严谨对待，而商业需要诚信为本。因此，守时守信地完成版权约定，是企业打造版权文化开拓版权市场的重要原则。而在版权信息管理系统中，期限预警功能的嵌入则能进一步加强企业对合同等约定的遵守和执行。如版权信息管理系统的注册用户可以根据版权业务需要，设置各种约定期限的提前预警时间。而每当用户登录后，版权信息管理系统就会自动根据当前用户权限及设定提醒用户近期需要及时处理问题的各种期限。如样书给付期限、版权登记费缴纳期限、稿酬支付期限等。此外，这类期限信息的提醒，不仅可以在登陆后出现，也可以由系统自动生成一些短消息。经过设置后途经网络平台，以手机短信或电子邮件的方式发送给相关版权工作负责人，防止因疏忽大意而导致的期限耽搁。结合如此强大的版权信息检索功能，版权工作人员能够随时把握各种期限及业务状况，确保不遗漏任何一个期限，避免造成损失和不必要的麻烦，从而提升版权业务工作效率。

（4）合理的内外网集成

出版企业近年来基本上实现了办公自动化，而且大部分出版企业建立了内部局域网以保证信息的有效沟通。与此同时，出版企业相关信息的网络发布与传播也得到重视，很多企业也建立了自己的官方网站以宣传形象、推销产品和提供售后服务。这些自动化系统大大提升了出版业务效率。而版权信息管理系统与出版企业内部办公自动化系统平台集成，能够实现企业内部版权信息的无障碍沟通，让企业日常工作更有效率，更井井有条。而与外部网络的有效连接，既有助于企业及时发布相关版权信息，又能获得企业外部版权市场对相关信息的及时反馈。因此，版权信息管理系统的构建与使用，应努力追求与企业内部局域网和企业外部网站充分集成，以保证企业版权业务信息的及时获取与快速发布。

版权信息管理系统与出版企业内外网的集成系统逻辑，可以参照图 5－6 进行设计。在出版企业内部网络，工作人员可以根据自己的权限通过局域网应用服务器访问版权资源数据库，由此获得自己所需要的信息。在内网与企业外部网络之间有一道防火墙，既能保护企业版权数据库服务器免于受到外界攻击与破坏，也能对内部网络的数据外发起到过滤与监督作用。而在企业外部网络中有一台专门的 Web 服务器，除提

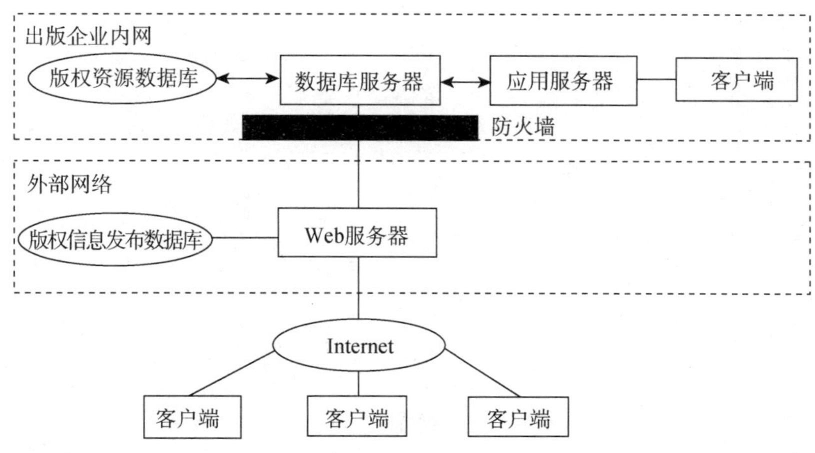


**图 5－6 版权信息管理集成系统结构**

供企业的宣传、销售和售后等网络服务外，设立版权信息发布数据库以便于外界用户的访问。而版权信息的发布则以网页界面的形式与广大客户见面。在这个集成系统中，内部工作人员能够快速访问版权资源数据库获得最新数据。同时也能将自己取得的版权信息，以自建库的形式发至数据库服务器，经专业负责人检查后予以入库存档。而在外部网络设立版权信息发布数据库，能更有效地传播企业待售版权资源信息，扩大企业的版权运营力。

（5）严密的安全机制

对于出版企业而言，版权是市场竞争的有力武器。因此，版权信息管理系统在提升企业版权战略管理效率的同时，还要建立严密的安全机制。为防止外部用户对企业版权资源秘密信息的窃取，版权信息管理系统在与外网集成过程中要采取严密的防火墙。此外，企业泄密现象也常常会由于内部人员工作不严谨或不负责任而出现，因此，在与出版企业内部网络充分集成的基础上要增加严密的权限控制。如出版企业内部用户只能访问自己权限范围内的系统数据、文件资料，超出权限则需要相关领导批准并获得暂时口令后才能进入系统。除此之外，版权信息管理系统还应建立安全日志功能，对用户操作时间、IP、操作内容等进行记录、跟踪，实时监督，一旦发生泄密则可根据自动生成的安全日制定位相关责任人。

# 6　出版企业版权战略的实施策略

如果说版权组织、版权制度、版权文化、版权信息系统等支持体系的建立，为出版企业版权战略管理提供了“硬件”基础，那么版权业务的具体运营策略问题就是为出版企业提供合适的“软件”支持。在版权业务管理中，相应支持体系等“硬件”建设是开展战略化管理的前提，而具体实施策略等“软件”的采用，则是实现版权战略管理目标的关键。本书的这一部分将集中探讨出版企业版权业务的具体运营策略问题。

出版企业的版权运营需要经历一个从获取到开发和销售的过程，而在这个过程中，版权保护贯穿始终。因此，出版企业对于版权业务的战略化管理，需要从版权获取、版权开发和版权保护三个层面采取针对性的策略。也就是说，出版企业的版权业务运营策略，应该包括版权获取策略、版权开发策略和版权保护策略三个方面。

## 6.1　出版企业的版权获取策略

对于出版企业而言，版权资源充分获取是其进行战略性运营的关键前提。没有版权，出版企业则面临“巧妇难为无米之炊”的局面，自顾尚且不暇，更不要妄谈在出版市场的竞争力了。反之，重视版权并将版权运营视为发展核心动力的出版企业，无一例外地强调版权资源的充分获取。通过查询相关资料和案例我们发现，国内外在版权经营领域取得成功的出版企业，在版权获取方面都采取了一些独到的策略和手段。这些策略和手段我们可以总结为两方面，即版权获取内容策略和版权获取渠道策略。

### 6.1.1 版权获取的内容策略

版权获取内容策略，是指出版企业按照自身发展定位，有计划、有目标地获取与企业发展规划相关的版权权利内容，为企业版权开发规划提供全方位的选题资源和权利储备。追求版权权利内容的策略化获取，也就是力求在符合自身发展定位的基础上尽量通过购买、协商等手段获得目标版权资源全部或大部分权利内容的授权。而要实现这一目标，必须了解版权权利内容的种类与特征，在此基础上，出版企业才能制定符合自身定位的版权获取策略。

（1）版权权利内容的种类与特征

尽管不同法系、不同国家对于版权权利内容的规定不尽相同，但根据版权与出版行为的关系，我们仍可以把版权权利内容总结为以下三种。

① 出版活动的核心权利

对于任何出版行为而言，大规模复制和公开发行都是出版活动的核心，因而出版行为的出现与完成，首要的权利即是复制权与发行权，这两项权利也构成出版活动的核心权利。在我国著作权法所列举的 13 项财产权利中，这两项权利也位列前两位。

② 出版物附属权利

出版物附属权利一般是指随出版物诞生而出现的一些权利，通常与传统出版活动紧密相关，其权利的体现并未脱离图书等传统出版形式，只是在形制、色彩等表达方式上有所不同，进而在不同的受众市场产生效益。这类权利包括翻译权、版式设计权、连载权、汇编（或缩编）权、平装书版权和图书俱乐部版权等。

翻译权作为常见的一种作品使用权，几乎所有国家的版权法都予以认同和强调。这种权利是指将作品从一种语言翻译成其他语言，并在一个商定的有限区域进行销售的权利。比如，我国出版企业在获取外文版图书的中文译本翻译权时，往往要区分为简体版和繁体版，大部分出版企业翻译权的获取都是简体版并限于大陆地域（港澳台除外）使用。

版式设计权是伴随出版而生的一种邻接权，其权利主体为出版者。我国著作权法第 35 条对版式设计权作了规定。版式设计是指对版心、排式、用字、行距、标题、引文、标点符号等的确定，这项权利通常适用于图书、期刊，保护期为10年。在版权贸易中，这项权利有时也会出现在版权许可合同中，如在希拉里的《亲历历史》的全球发行过程中，世界各地的出版社就购买了其版式设计权。

连载权在我国版权法中并未明确予以体现，但在现实版权交易过程中经常得到体现，其法律基础则是来源于现行著作权法第10条第17款"应当由著作权人享有的其他权利"规定。而在西方版权法中，这种权利得到明确承认。通常体现为出版企业将某种新书的部分或全部授权某报社或杂志社在其媒体上刊载的权利。而且在权利许可实践中，根据新书是否已经发表分为"第一连载权"和"第二连载权"。"第一连载权"是指在出书前出版社授权某报社或杂志社部分连载新书内容，而"第二连载权"是指在出书后出版社授权某报刊对其新书进行连载或摘登。

汇编权即指将作品或者作品的片段通过选择或者编排，汇集成新作品的权利。这一权利在我国著作权法第10条第16款得到体现。由于在汇编过程中，汇编人要对作品进行整理、加工、排列，需要付出大量的创造性劳动，因此汇编者对汇编所形成的作品应享有著作权。但由于其附属权利的特征，汇编权的行使需要建立在尊重原作版权的基础上进行。缩编权通常是指出版社授权他人将其新书或一般图书以缩写的形式出版发行的权利，其最终缩编出版的形式可以是《读者文摘》《报刊文摘》等杂志形式；也可能是以口袋书、简编本等出现的图书形式。这项权利在我国版权法中并未明确规定，但在国际版权贸易过程中几乎是必然涉及的权利内容。

平装书（Paperback）版权在同国外出版商洽谈版权贸易过程中经常被提及。这种权利是相对于精装书（Hardback）版权而出现的。通常是指出版企业向市场推出精装图书后，在销售生命周期处于下降阶段时，再将该书以平装的形式推向市场的权利。这种"先精后平"的销售策略经常为西方发达国家出版企业所采取，所以中国出版企业在引进国外版权时，对方也经常要求按这种模式购买图书的精装版和平装版两种权利内容，以增加市场收益。

图书俱乐部权通常是指版权人许可一家图书俱乐部把他的书单独印成俱乐部版的权利，仅限在会员中发行。这种权利在我国版权法并未明确规定，而在西方版权法和版权经营实践中则是一种较为常见的权利。俱乐部版图书的最大特点在于其价格低于正常版本图书的价格，是俱乐部给会员的优惠。国外图书俱乐部版权交易比较普遍，比较著名的如德国贝塔斯曼集团的图书俱乐部几乎遍布全球。

③出版物衍生权利

出版物衍生权利的出现，是建立在对原作进行加工和改编的基础上而实现的。其权利种类包括影视改编权、数字及信息网络传播权、作品形象使用权等。这类权利许可产生的版权作品，往往与图书出版形式没有直观性的联系，属于对原创作品版权权利内容的深度开发，在一般性的版权交易合同中并不一定予以体现。但随着媒介融合的趋势以及出版集团跨媒体运营能力的不断增强，全版权运营的概念得到越来越多出版企业的重视，因此这些原本与图书出版联系并不明显紧密的版权内容也日益引起关注。

影视改编权通常是指将作品改编为戏剧剧本或影视剧本，以戏剧的形式表演作品或拍成电影电视剧的形式传播作品的权利。这类权利表现案例很多，国外如经典理财读物《穷爸爸　富爸爸》改编话剧上演，《哈利·波特》系列、《魔戒》系列改编成电影全球上映。国内作品影视改编权的表现也有很多，如余华的作品《活着》由张艺谋改编为同名电影，叶兆言的作品《马文的战争》被改编为同名电影上映，等等。

数字及信息网络传播权是近年来颇受出版业重视的权利。这项权利实际由两部分组成，一个是图书等原作的数字化，这在严格意义上是一种改编权的体现；另一个是信息网络传播权，是指保护信息内容传播方式的权利。数字版权在我国以改编权形式予以保护，其内涵是指对作品进行数字化开发，其出版形式包括光盘、数据库等。信息网络传播权在我国则明确提出。我国版权法第10条第12款规定，信息网络传播权是指以无线方式公开广播或者传播作品，以有线传播或者转播的方式向公众传播广播的作品，以及通过扩音器或者其他传送符号、声音、图像的类似工具向公众传播广播的作品的权利。因此，出版企业在开发数字产品时这类权利必须予以合法获取。

形象使用权通常是指版权所有者授权其他商品和媒介使用图书中人物、动物、器物等形象的权利。比如，在邮票、海报等商品上使用图书中男女主人公的肖像，围绕图书内容开发文具、玩具、食品、服装等商品等。比较典型的如日本影视作品中“一休”、“铁臂阿童木”等形象权的转让，《哈利·波特》系列中火焰杯、魔笔等工业产品的开发，等等。这种权利的许多客体都由版权作品中的角色、题名、情节等衍化而来，其产生的市场效益相当巨大，因而在版权获取谈判环节经常被提及。

关于版权权利的内容，此处并未详细列举，还有很多诸如重印权、合作出版权等经常在版权获取环节出现的权利种类。而且随着出版技术和传播技术的不断发展，未来还会有更多的新型版权权利内容出现。然而不管版权形式如何推新出奇，我们大都可以按照上述分类方法予以归类，也就可以在版权获取谈判中采取不同的权利内容获取策略。

（2）出版企业版权获取应采取的内容策略

面对众多纷繁复杂的版权权利种类，不同类型、不同规模的出版企业在进行版权获取过程中，所采取的手段和方式定会有所不同。但是，需要出版企业普遍遵守的一个原则性策略应该予以着重指出，即追求版权权利内容获取的全面性和专业性。

① 追求版权获取权利内容的全面性

强调追求版权权利内容获取的全面性，原因在于长期以来我国大部分出版企业只重视了版权权利中的传统出版权——复制权和发行权，忽略了其他很多能够产生市场效益的权利内容，而这部分被忽略的权利内容今天在欧美出版市场已经成为经营的重要领域。因此，对于我国出版企业而言，版权权利内容的全面获取成为市场运营规则下的一种必然追求。

出版企业版权获取内容的全面性策略，应该体现在权利内容和使用范围两个方面。

首先，出版企业应追求获取目标版权资源的多种类权利内容。在前文的解析中，我们把版权权利内容分为出版核心权利、出版物附属权利和出版物衍生权利三大类。这三类权利作为重要的版权资源，如果合法地全面获取必将成为出版企业进行市场运营的重要资源。然而从目前来看，我国出版企业版权获取在出版实践中不容乐观：大部分出版企业在同国内原创作品作者签约的过程中，大多只重视了第一类权利，在版权合同中很少提及第二类权利内容或仅提及其中一项或几项权利，所涉及的出版物附属权利内容多是翻译权、连载权和汇编权。另外一些重视版权贸易的出版企业除了重视上述几种权利的获取外，在引进国外版权资源的过程中，还注意获得版式设计权、缩编权、平装书权和图书俱乐部版权等权利的授权。极少数的出版企业在同国内作者签订版权合同时考虑全面性地获取权利内容，在同国外版权人谈判时能够提出全面版权引进的方案。可以看出，我国出版企业在版权战略管理理念上并没有对此问题予以高度重视，因此在版权获取具体实践中存在着很多值得商榷之处。

出版企业追求权利内容的全面性有其合理性所在。在这三类版权权利内容中，第一类权利——复制权和发行权作为出版核心权利，毫无疑问，出版企业在出版过程中必须予以先行合法获取。而第二类权利——出版物附属权利是依出版企业的出版物而生并联系非常紧密的权利，出版企业如果不予以合法获取，则会丧失很多市场效益。比如，出版企业与作者签约推出一本书，经过出版企业精心策划、编辑加工和营销推广后，成为一本经典畅销书，那么出版企业可以获得产品的发行收益。而一旦这本书在市场上产生明星效应，其附属的翻译权、汇编权、平装书版权和图书俱乐部版权销售市场也将随之打开。如果企业未能先期随同复制权和发行权同步获取这些出版物附属版权将会遭遇市场损失：一种损失来自出版物明星效应推动相应附属版权价格水涨船高，增加了开发成本，这种成本增加实则是自己“精心策划而得来”的；另一种损失则是其他出版企业获得翻译权等出版物附属版权后，其开发的产品借用本企业推出产品的明星效应占领相关出版市场，实际上自己替他人支付了前期宣传成本。第三类权利——出版物衍生权利在媒介融合的趋势下，也应当成为出版企业积极获取的权利内容。这类权利的获取，出版企业往往扮演的是委托代理人的角色。因为出版物衍生产品附属权利的开发往往已经超出传统出版业务范畴，其间的联系主要是内容的紧密相关。随着出版企业规模的不断扩大和跨媒体出版能力的不断增强，签入图书产品相关衍生权利也应成为企业发展的一种战略资源储备。

其次，出版企业应当追求版权资源使用范围的广泛性。版权使用范围的广泛性主要体现在时间、地域和语言三个方面。因此，出版企业在版权获取过程中应该追求较长的使用时限、较宽的使用地域和较多的语言种类的合法许可。在使用时限方面，出版企业力求合理的长时间使用有着诸多好处。比如，即可以充分准备出版物的加工制作和市场推广，也可以有时间充分开发出版物的附属权利和相关衍生权利以获得更多的市场收益。在使用地域方面，不同国家或地区版权使用权利的获得，为出版企业进行针对性地市场开发提供了法律基础，能够拓宽出版企业的版权销售市场。比如，当引进国外版权时，即使仅获得了中文简体版版权，但如果使用地域经过谈判后允许在亚洲范围使用，那么我们可以认为版权产品可以在亚洲范围内的全部华人地区销售。实际上随着中国国力的日益强大，中文简体字在海外的影响也日渐强大，港澳台地区和新加坡、马来西亚等地有很多华人都比较愿意直接阅读简体版作品，也就是说这些国家和地区都将成为合法的销售市场。在语言种类方面，追求多个种类语言的授权常常是为再次的版权许可作准备。体现在国内作品的开发过程中，就是出版企业同作者签订版权合同获取所有语种的授权后，能够同港澳台三地签订繁体版许可合同，与全球其他国家签订各语种的授权合同。比如，《狼图腾》《于丹〈论语心得〉》等作品既售出了全球英文版权，韩语、法语、德语等小语种版权也得以不断售出。而出版企业对不同语种版权的开发权，正是源自作者的全面授权。

②追求版权获取权利内容的专业性

全面性的版权获取能够提供出版企业战略运营所需要的版权资源，然而这种“全面性”不应该是不加选择、不讲手段的盲目获取，而应该在版权权利内容选择和获取方式方面重视符合市场规则的专业化获取，即强调出版企业版权获取内容的专业性。这种版权获取权利内容的专业性策略，在实践中突出体现在两个方面：即权利内容选择专业化和权利内容获取方式的市场化。

第一，权利内容选择的专业化。

权利内容专业化选择，既要强调对目标版权的针对性选取，防止违背公序良俗和水土不服等现象的出现，也要加强权利内容的审慎审查，防止版权纠纷的发生。

在目标版权资源选择方面，有些图书尽管在国外非常畅销，外商的包装、炒作也往往会对选题形成倾向性的误导，但因社会制度、伦理道德与我国不同，因此出版企业必须经由审读作出专业化的选择，防止一些宣传迷信或反意识形态的作品版权进入企业造成负面影响。如南京译林出版社曾经遭遇过类似事件。曾有海外版权代理公司积极向译林出版社推介海外畅销书《圣经密码》的中文版权，但译林出版社经审读后发现其内容宣传迷信，便婉言谢绝了对方①。在获取国外版权资源时还会遭遇“水土不服”现象，而这种现象的出现大多是由于在进行版权获取时不加选择造成的恶果。在版权获取过程中，应该学习接力出版社所采取的精品名牌战略，而不是“捡到篮里就是菜”。在选择图书版权的过程中，需要不厌其烦地好中挑好、优中选优。在决定引进某种图书之前，要进行详细的市场调查，了解市场需求，仔细考虑社里的图书结构，尽可能地填补本版书选题类型的空白②。

在版权权利内容选择方面，版权获取的专业性还应体现为对权利内容的审慎检查。我们在介绍欧洲出版企业重视版权获取工作时曾经选用了德国 Campus 出版社的案例，实际上在国内也有类似的典型案例，比如，明天出版社在编辑国家“九五”重点图书选题《世界经典童话全集》时，在版权获取方面就体现了极为专业的一面。

> 《世界经典童话全集》一书汇集了古往今来世界最优秀的童话作家的代表作品，但是编辑在对书稿进行初审后发现，这套书中有大量的作品牵涉到国外作品中文版的授权问题，许多外国作家去世还不到 50 年，作品的使用权没有进入公有领域，甚至有的外国作家目前尚健在。而这套书不收入这些作品就不能成为一套完整的、有权威性的世界童话作品集。面对这些棘手的难题，明天出版社在近两年的时间里集中精力解决这套书中的版权问题。到后来，明天社共获得了挪威、瑞典、芬兰、荷兰、葡萄牙、英国、美国、法国、意大利、德国、奥地利、比利时、日本等 13 个国家 63 位作家的 100 多部作品中文选集版的授权③。

经过严密的内容审查和认真寻求版权所有者之后，明天出版社使这套具有较高学术价值和收藏价值的图书既具有权威性，又具有合法性。我们可以断言，在未来很长一段时间里，中国很难有别的出版企业能够

---

① 章祖德：《积极、理智、时间、质量：译林出版社对外版权贸易心得谈》，《出版参考》2001 年第 7 期。

② 夏蓓：《接力社的版权贸易之路》，《出版广角》2000 年第 8 期。

③ 傅大伟：《儿童精品图书的相互交流：明天出版社十年来对外版权贸易回望》，《中国图书评论》2001 年第 6 期。

再次出版一套如此完备的世界童话作品集，因为大量世界童话名著的中文版权已经为明天出版社所掌握，也就是说相关内容的大陆中文版权市场已经被其独家占有。其他出版企业想再次出版类似图书或选用某一部童话故事都需要经明天出版社授权，这就使其在国内版权市场上有着极强的话语权。

第二，权利内容获取方式的市场化。

权利内容获取方式的市场化，首先应该体现在版权信息获取方式方面。我们发现，凡版权工作开展出色的出版企业，大多注重版权信息的收集与利用。比如，南京译林出版社版权科经常利用电子邮件、电话、传真和信件等多种方式与外国出版社、各版权代理人保持着广泛而密切的联系，从而迅速得到国外的新书讯息，一些大牌的卖座的作家如约翰·格里森姆、西德尼·谢尔顿、戴维·鲍尔达奇的作品的部分版权，常在国外书还未正式出版的情况下就被敲定①。无独有偶，早在1996年天津科技翻译出版公司就开通互联网，并为开展版权交易提供了信息设备，这为该社的版权贸易业务提供了有利的信息技术支持。本文的第四章第四节论述了版权贸易信息管理系统的构建，实际上信息管理工作从版权获取开始就影响着出版企业版权运营的优劣成败。掌握了版权市场的最新信息资源，才能够果断做出符合市场预期的决策，反之则会丧失市场机遇。

权利内容获取方式的市场化，在版权合同中得到突出体现。出版企业在版权获取过程中追求权利内容的全面性，必然面临一定的成本压力，在众多附属版权未予开发前，这些权利不可能产生效益。然而，我们发现很多大型出版集团的版权获取合同中，除特定的一些权利如复制权、发行权、翻译权给付相应的款项外，大部分附属权利通常采取利润的比例分成方式。比如，在美国出版合同中一般约定图书俱乐部版权的版税由作者和出版企业各得50%，连载权的收入也是作者与出版企业各得50%。也就是说，我国出版企业在进行版权权利内容的获取时，除少量版权需要现在支出成本，大部分出版物附属权利和出版物衍生产品附属权利只需要在合同中约定权利未来销售的分成比例即可。当然，

① 章祖德：《积极、理智、时间、质量：译林出版社对外版权贸易心得谈》，《出版参考》2001年第7期。

这种权利的许可一般需附有一定的规定，如这些权利出版可以自己开发也可再次许可其他出版企业进行开发，但一般要约定开发期限，逾期出版企业未予开发则版权许可方有权自动收回。

此外，版权获取是双方充满诚意的合作，因而诚信为本也是版权内容获取达到市场化高度的一致要求。讲诚信是一个人获得成功和一个企业获得成功的关键所在，出版企业在版权交易中应该始终严格遵守这个人类社会推崇的行为准则。而遵守这一准则的出版企业也常常会获得好的回报。比如，天津科技翻译出版社就因为坚持诚信为本获得国外出版公司的大加赞赏和长期合作。在一次版权获取过程中，一家外国出版公司由于其工作人员的疏忽，在与天津科技翻译出版社签订一项图书引进合同时出现了不小的漏洞，而天津科技翻译出版社立即善意地向对方指明，避免了对方可能遭受的巨大经济损失，结果使这家出版公司大受感动，表示只要一有新书，就将版权转让给该社①。可以看出，版权交易是一种市场化行为，而充满诚意的版权获取才能为后续的版权合作打下坚实的市场基础。

### 6.1.2　版权获取的渠道策略

版权获取的渠道策略，强调的是出版企业如何通过专业渠道获得目标版权资源的问题。在版权获取的过程中，有很多渠道可以选择，而出版企业需要一定的策略和手段去合理运用这些渠道，才能增强自身版权获取的效率。比如，重点强调某一渠道的版权获取作用，或者综合采取一定的手段将多个渠道予以整合，等等。因此，版权获取的渠道策略，解决的是出版企业如何通过专业渠道获得目标版权资源的问题。

（1）版权获取的渠道种类与特征

版权获取的渠道相对较多，根据目标版权资源的地域不同，我们从国内和国外两个角度加以阐述。

①国内版权资源获取渠道

我国著作权法第二条规定，版权的主体包括自然人、法人和非法人单位，在一定条件下，国家也可以成为版权主体。在这种法律框架下，

---

① 番人：《版权贸易——从5到174：天津科技翻译出版公司经理邢淑琴访谈录》，《出版参考》2002年第13期。

出版企业国内版权资源获取可以分为原始版权人授权、出版企业授权、版权代理授权和其他媒体授权等4种渠道。

原始版权人授权是国内出版企业使用最为广泛的版权获取渠道。原始版权人即依法对科学、文学、艺术作品享有版权的人。原始版权人授权在我国大多表现为作者与出版企业签订出版合同。对于任何一个出版企业而言，作者都是其图书产品创作和生产的生命线，拥有一流作者就意味着占领了一流的版权市场。比如，陕西师范大学出版社对作者资源进行开发和维护，使其在国内相关领域遥遥领先。该社在国内先后与一批著名人士建立了长期的合作关系，与东方学大师季羡林，著名礼仪专家金正昆，著名留学、签证、职业规划和人生发展咨询专家徐小平，国学大师南怀瑾，中国当代著名女作家、红学家、电视制作人、社会活动家张曼菱，新生代作家蔡骏等建立了长期友好合作关系[①]。对于原始版权人授权渠道的开发与维护，能够使得出版企业拥有高质量原创版权来源，为进一步的版权开发和运营提供了优秀资源。

出版企业授权渠道是指企业在出版相关图书后，将出版物的附属版权以及其他衍生版权全部或部分转让或许可给其他出版企业。如将平装本版权、精装本版权、图书俱乐部版权、版式设计权、连载权、汇编权、多媒体出版物的磁带版权、各种光盘版权、电子书及信息网络传播权等权利内容授权其他出版企业。这种授权方式出现的原因在于目前我国大部分出版企业尚未达到跨媒体出版的能力，在出版技术和人力资源等方面尚无法对版权资源进行综合开发，因而就出现了出版企业间的互相授权。常见的如图书出版企业向音像出版企业授权出版相关内容的光盘，或者电子音像出版企业授权图书出版企业出版相关音乐专辑的配套图书，等等。这种授权渠道随着出版企业跨媒体运营能力的提升和专业出版市场的不断细分，对于授权的权利内容种类和约定方式将会有更为严格的要求。

版权代理授权渠道是指出版企业与版权代理中介公司签订版权许可合同，获得相关作者作品的全部或部分权利。在这种版权获取方式中，版权代理机构是版权所有人的委托代表，其行使的是版权人的意志。而

---

① 曾学民：《走适合自己的特色之路：陕西师范大学出版社版权贸易透视》，《出版发行研究》2008年3期。

版权代理的权利由来，是作者或其他著作权人的先行授权。版权人将自己享有版权的作品委托给一个代理人或一个代理机构，由代理人或代理机构代替自己行使权利，构成出版企业与版权代理协商相关权利转移的合法前提。目前，在经国家版权局批准成立的 28 家版权代理机构中，除中国电视节目代理公司代理电视节目、中国电影输出输入公司和北京天都电影版权代理中心代理电影、九州音像公司版权部等代理音像外，其余 23 家均逐鹿于图书出版领域。较活跃的有中华版权代理公司、北京版权代理公司、上海版权代理公司、广西万达版权代理中心和广州中商版权代理公司，等等。此外，中国图书进出口总公司版权部、辽宁出版集团版权代理中心等近年来也承担了很多版权代理业务。随着版权交易平台近年来在国家层面和地区层面的不断建立，以工作室和文化传播公司等名义从事版权代理业务的企业也在不断涌现，为出版企业提供了专业的版权获取服务。

其他媒体授权是指出版企业从报刊、广播、电视、电影、网络等其他媒体获得相关作品的权利许可。原创作品的表达形式可以多种多样，而很多首先以其他媒体形式发表的作品可能同样适合以图书形式出版，因而存在着出版企业从其他媒体进行版权获取的可能。这种版权获取在法律中也可找到依据。我国版权法第 37 条、第 39 条和第 44 条即规定了表演者、录音录像者、广播电台、电视台等有权许可他人复制、发行和传播的权利。这种版权获取模式近年来也比较常见，比如，有些报刊连载或专栏文章予以结集出版，受欢迎的广播栏目再以图书的形式占领部分阅读市场，收视率高的电视剧或票房好的电影被出版企业买走版权再推出同名图书，网络上点击率高的人气网络文学版权卖给出版企业开发线下产品，等等。随着网络技术等传播技术的不断发展，会有更多的新媒体予以涌现，也就意味着出版企业其他媒体授权渠道仍然在不断增加。

②国外版权资源获取

随着出版全球化的不断加快，我国出版企业对国外版权资源的获取也逐渐重视，而且很多国外作品经过系统开发后，在国内获得不错的市场收益。我国出版企业对国外版权资源的获取，我们可以总结为版权引进、合作出版和国际组稿三种方式。

版权引进是我国出版企业获取国外版权资源最为常见的一种方式。

具体操作模式是出版企业通过与国外作者、出版企业或版权代理公司签订出版合同，获得国外作品在中国大陆的翻译、复制、发行等相关权利。比如，国内很多畅销的英语类教材、计算机和软件类教材、经管励志类图书等都是通过版权引进的方式与中国读者见面的。版权引进的对象除了图书和音像制品翻译权等出版附属权外，出版物衍生产品附属权利近年来也为我国出版企业所关注。不仅如此，一些出版企业还开始购买一些国外经典电影等视听作品的改编权，以制作中文版纸质图书或数字出版物，在国内市场进行版权开发。

合作出版现在成为我国出版企业获得国际版权资源的一种渠道，实际上缘自国外出版企业在中国出版市场的主动探求。当国外出版商发现单纯的版权输出模式并不能满足其在中国出版市场的胃口时，合作出版这种成本低、收益快、影响大的版权合作模式就频繁得到采用。由于其较低的版权许可费用也容易被中国出版企业所接受，因而这种版权合作模式渐渐发展起来。常见的形式是国外出版商许可中国出版企业用他们的书版印制和销售其拥有版权的书稿，而在中文版的书名版权页处登载两家出版商的版权记录。在版权合同中强调是由国外出版商提供编辑和制成的作品的磁盘、胶片等，并且承担作者版权费用以及其他印前准备费用，而国内出版企业主要负责安排印制、营销，并承担这些活动的费用开支。这种出版形式在国内多表现为一些影印版的国际知名教材的出版。由于文字内容相同，故版权获取合同中严格限定中文版权作品使用范围，防止平行进口等行为的出现。

国际组稿是一种非常专业的版权获取模式，对出版企业的版权管理和版权人才要求很高。但是，随着国际版权贸易在我国的迅速发展，国际组稿这种版权获取模式也成为一些出版企业的重要版权来源，甚至成为一种代表性的版权获取渠道模式。如清华大学出版社从2000年开始，就采取国际组稿形式，组织旅美华人科学家工程师协会撰写了“21世纪科学前沿丛书”①，扩大了该社在国际出版领域的影响力。由于通过与国外作者直接联系，国内出版企业能够根据目标市场调整图书内容，直接管理和策划产品营销方案。因此，这种版权获取渠道使得出版企业

① 李家强：《借船出海实现国际化：清华社版权贸易的实践与思考》，《出版参考》2003年第9期。

在版权运营方面具有更强的主动性和决策性。

（2）出版企业版权获取的渠道策略

从上一节的版权获取渠道种类分析我们可以看出，无论是国内版权资源还是国外版权资源，出版企业都有着诸多的选择渠道。那么出版企业应该选择怎样的方式去运用如此众多的版权获取渠道呢？是不分选择地全面开花，还是集中利用其中的一种或几种渠道？解决这个问题才能提升出版企业的版权获取效率，提升版权运营能力。而这个问题的解决方案实际就是出版企业应该采取的版权获取渠道策略。

出版企业版权获取的渠道策略，应该坚持三个原则性的策略，一是坚持主动性策略，即坚持企业自身主动性的组稿作用；二是坚持专业性策略，即强调版权代理机构的中介作用；三是坚持共享性策略，即强调出版企业联盟的组建。

①主动性策略——坚持自身组稿渠道

自身组稿渠道的建设与维护，对于出版企业版权运营有着非常重要的意义。无论是向国内作者约稿，还是向国外作者组稿，出版企业的编辑等选题策划人员都是从企业出版定位出发去寻求选题，进行针对性地开发、制作。相比其他版权获取渠道而言，这种版权获取途径在内容方面更容易符合企业发展的整体要求，也带有其他渠道无法比拟的一些特殊优势，因而目前这种渠道也普遍为众多出版企业所坚持。比如，有的出版企业编辑通过与一些著名作家长时间的接触产生情谊，从而为企业获得长期而稳定的畅销书资源；有的出版企业编辑与一些专家通过书信往来探讨一些专业性话题而获得信任，从而为企业获取了宝贵的学术版权积累；还有一些出版企业编辑有能力走出国门参加各大国际书展，在与外国出版商交流中发现优秀选题，拓宽了出版企业的国际版权来源，等等。此外，随着出版企业专业版权管理部门的组建以及版权人才培养体系的逐渐完善，企业自身培养的专业版权人员将会为企业带来更多优秀的版权资源。因此，为保证对版权资源的主动性掌控，出版企业有必要坚持自身组稿渠道的不断建设与维护。

②专业性策略——重视版权代理中介渠道

随着版权贸易国际化以及版权贸易量的逐年增多，版权资源获取不能仅仅依靠出版企业自身，加强与版权代理机构的紧密合作，利用版权代理机构专业化和规范化的操作来获取版权资源，应该成为出版企业重视的版权获取渠道。

通过版权代理机构获取版权资源成为国际通用做法，原因就在于版权代理机构能够为出版企业提供专业化的服务，提升企业的版权运营效率。随着出版产业的发展，出版专业分工越来越趋于细化，因而很多出版企业更加愿意集中人力、物力和财力投入出版物的生产，而把版权资源获取和销售等渠道性的工作委托给专业版权代理机构运作。将版权获取等工作交给版权代理机构后，出版企业可以节省人力、物力，降低企业间接生产成本和提高工作效率，能够充分发挥出版企业擅长的产品生产优势，因而能够推出一些具有市场影响力的好书。同时，版权代理机构能够依靠专业经验把握版权谈判进度，合理协调版权交易各方关系以及平衡各方利益，防止版权纠纷、恶意哄抢等现象出现，降低出版企业的版权获取直接成本。此外，大部分版权代理机构经常代理了多家出版企业的版权业务，在工作中不断积累了大量版权资源，也能及时地接触到大量的最新版权资源，而这些版权资源也成为出版企业潜在的版权资源储备库。

从目前我国版权代理机构现状来看，出版企业可以以两种方式发展版权中介渠道。一是选择目前开展的较好的几家或一家版权代理机构作为深度合作对象；二是自己组建版权代理公司。出版企业与版权代理机构的深度合作，不仅需要版权代理机构将市场信息及时传递给出版企业，以供出版社选题策划决策参考，还可以让其参与到出版企业具体选题策划过程中。比如，可以参股投资一些有市场开发潜力的图书选题，也可以根据市场需要提出一些选题供出版企业生产制作，与出版社共担风险、共享利润。在组建版权代理公司方面，我国有着相关的法律规定，对其有所限制。如国家版权局和国家工商行政管理局联合发布的《著作权涉外代理机构管理暂行办法》（1996），要求设立著作权涉外代理机构或开展著作权涉外代理业务，必须经国家版权局和国家工商行政管理局批准，并遵守管理办法的各项规定。2001 年底中国在“入世”承诺中表示：在版权贸易的法律服务中，允许外商、外国法律事务所在华成立代表处，从事赢利性活动，中国只保留版权贸易行政审批权。这些规定意味着仅当成立涉外版权贸易机构时要行政审批，但从事版权贸易的单个项目各出版社都可以做。因此，出版企业组建的版权部门完全可以承担版权代理中介机构的职责，中国图书进出口总公司的版权部就是一个最典型的代表。这种企业内设的版权部，其服务对象早已超出企业自身范畴，而是对准了整个国内市场。实际上国内很多有实力的出版社专门成立了版权部、对外合作部或国际合作部等类似的机构（如外研社、清华、北大出版社等），专门从事收集整理选题信息、洽谈签约、办理合同登记、制作销售报告、收汇等业务，他们完全有能力拓宽服务对象，成为企业自己组建的专业版权代理中介渠道。

③共享性策略——出版企业联盟的组建

版权的价值特性在于其能够在传播中增值，意味着版权价值随着共享范围的增加而增加。这个特性也就促使出版企业应该加强版权资源的共享，在不减少自身版权收益的前提下同时扩充自己的版权资源库。其实现方式之一，就是建立出版企业间的联盟与合作。对于出版企业而言，以下两种联盟合作形式应该予以着重考虑：一是国际版权资源的合作，二是传统出版企业与数字出版企业的联盟。

第一，国际版权资源的合作。

国际版权资源的合作共享通常以合作出版的形式出现。这种合作出版的方式使得国内出版企业能够充分利用一些国际知名作品版权，从而获得国际影响力。比如辽宁教育出版社与英国牛津大学出版社合作出版了《牛津少年儿童百科全书》，与美国汤姆森出版集团合作出版了由600余名世界著名专家编写而成的《工商管理大百科全书》，与美国麦克米兰出版公司合作出版了《完全傻瓜指导系列》和《袖珍傻瓜指导系列》，与英国列文斯顿出版公司合作出版了《格氏解剖学》（第38版），与美国麦格劳·希尔出版公司合作出版《美语路路通》等英语教程，与德国贝塔斯曼集团合作推出“探索书系”，与剑桥大学出版社合作出版“剑桥集萃”丛书①。这些国际版权资源的充分利用，扩大了辽宁教育出版社的国际影响力。类似的国际版权资源共享，国内很多出版企业都采取了与辽宁教育出版社相似的合作出版方式，如外研社与朗文出版社共同合作出版了《新概念英语》；中国大百科全书出版社和美国不列颠百科全书公司合作出版《简明不列颠百科全书》中文版；商务印书馆、高等教育出版社与哈佛商学院出版公司、麦格劳·希尔出版集

---

① 柳青松、王文斌：《理念的引进与引进的理念：辽宁教育出版社版权贸易综述》，《出版广角》2001年第1期。

团公司等也开展了合作出版。此外，一些出版社与国际出版企业在合作出版的基础上加深了版权战略合作关系。如清华大学出版社与培生出版集团在IT影印版图书版权领域达成战略合作伙伴关系，实现相关专业版权资源的国际共享。

第二，传统出版企业与数字出版企业的联盟。

这种联盟应该是传统出版和数字出版的共同追求。随着数字出版业的飞速发展，国内传统出版商逐渐涉猎数字出版领域，但由于经验、技术等原因使得发展并不顺利，因而产生了与成功数字出版商合作的需求。而数字出版商由于受国内出版管理制度的限制，正苦于无法自由地出版体现自己编辑意图的纸质图书，因而也有着与传统出版业开展深度合作的愿望。随着传统出版业大规模出版集团的组建和数字出版业洗牌后数字出版巨人的出现，两种大规模出版商之间会有更充分的合作，将使得纸质版权和数字版权在一个相对较为广泛的领域得到协调发展。

对于传统出版企业而言，通过联盟能在一定程度上拥有数字版权资源。就网络文学出版而言，很多数字出版企业拥有版权的原创图书，如果其网上点击率高、人气十足，就意味着经历了一定市场考验。那么这种版权资源往往也能成为畅销的纸质版图书，因而很多网络文学的数字版权也成为传统出版企业的重要版权资源。比较典型的合作方式当属凤凰出版传媒集团旗下的江苏美术出版社，该社不仅深度介入网络原创、青春读物的出版，而且在青春文学领域与新浪、起点等著名网站结成战略合作伙伴，推优秀作品，实现出版、网络、媒体、影视的横向产业联合①。事实上很多网络原创文学已经由传统出版社出版，而且市场反映相当不错。比如，第四届原创文学大赛获奖作品《朱雀记》和《夏玄雪》由花山文艺社出版后市场反映非常好，网络小说《诛仙》销售近200万册，《明朝那些事儿》至今仍是各大畅销书榜的座上客。这些数字版权资源的纸质化再现，使传统出版企业获得了数字出版企业的有力支持，实际上这种合作实现了传统与数字的双赢。因而，从版权资源共享的角度，出版企业应该坚持这种联盟以拓宽版权资源的获取渠道。

---

① 和颖：《网络文学：已渐成出版“主流”?》，《中国新闻出版报》2007年7月17日。

## 6.2 出版企业的版权开发策略

版权权利内容的成功获取，为出版企业版权业务的战略化管理提供了坚实的资源基础，而如何使这些资源实现收益最大化却仍然面对着一系列的策略化运作问题。综合国内外出版企业的版权运作经验，对于版权的开发，我国出版企业应从版权内容和版权市场两个角度去实现对版权资源的全面挖掘。

### 6.2.1 版权内容开发策略

前文述及版权内容时，根据版权权利内容与出版物联系紧密程度不同将版权权利内容分为三个种类，即出版物核心权利、出版物附属权利和出版物衍生权利。按照这个分类，出版企业的版权内容开发策略也应坚持相应的三层开发策略，即出版物核心权利开发、附属权利开发和衍生权利开发。而在具体层面的开发过程中，出版企业还应结合自身出版定位，针对不同权利内容特征采取自我开发、版权转让或许可等经营手段。

（1）出版物核心权利开发

复制权和发行权作为出版活动的核心权利，是出版企业赖以生存发展的权利基础。因而对于出版企业而言，坚持企业对版权作品复制权和发行权的主动开发与市场化运作，是企业发展的根本策略。常见的形式即是出版企业在获得版权作品的相关权利内容后，自主开发图书等形式的出版物，利用自主发行渠道或其他发行渠道进行销售。具体而言，要求出版企业在内容制作和营销渠道等方面采取专业化的市场运作。如在选题策划、编辑加工过程中，根据不同受众市场的需要，做出针对性的取舍，以建立出版产品在目标市场的内容影响力；在销售图书过程中，综合使用各种市场营销手段，实现对各个销售终端的有效占领，从而无限接近目标读者并最终促进产品终端消费的完成。

（2）出版物附属权利开发

出版物附属权利的开发缘自对目标出版市场的科学细分。以版权作品的纸质表现形式为例，出版企业可以细分出互不重叠的目标市场，并针对每个目标销售群体而言，都有其独特的销售策略。比如，收入水平较高的读者喜欢先睹为快，因而不在乎价格高低而选择购买精装书；比较在乎价格而不在乎内容时效性的目标读者则会选择购买纸皮书和俱乐部版图书；爱好旅行的游人愿意购买便于携带且价格低廉的袖珍书；漫画版和少年版等特别制作的版本图书则会牢牢吸引住少年儿童的眼球，等等。在对市场进行针对性地细分之后，版权资源就有可能得到充分开发。而在具体挖掘过程中，出版企业应该根据自身实力与专长，建议采取自我开发为主、许可为辅的版权开发策略，以实现版权权利内容资源的全面挖掘。

随着出版企业集团化运营以及跨媒体运营能力的提高，出版物附属权利自主开发将成为重要运营形式。而在自主开发方面，平装书版权、汇编（缩编）权等纸介质出版物附属权利应成为出版企业自主开发运营的首选。如西方出版企业关于平装书版权的开发，以前出版企业大多许可给一些专门运作平装书的出版单位开发，而随着出版企业在集团化过程中对一些类似企业的成功兼并，现在版权作品的平装本版权等纸介质开发，已经转换为体现企业自我意图的开发运营。自我开发的好处在于能够将版权的各种权利内容开发实现优化整合，而且前期精装版图书的市场运作与推广工作，能够为后续一系列的版权开发打下坚实基础，不至于出现在市场开发领域“为他人做嫁衣”局面的出现。随着我国出版企业跨媒体运营能力的提高，自我开发出版物附属权利的能力也将得到不断提高，包括连载权、汇编（或缩编）权、平装书版权、图书俱乐部版权等附属权利都可以在集团内部实现整体化运营。比如，连载权可以由企业内部的报纸、网站等媒体运作，汇编权则可以由开发相关市场的出版社制作，缩编权和平装书版权则可以由定位于低端市场或专门开发袖珍读书的出版部门运作，俱乐部版的图书可以交给集团自己组建的图书俱乐部发行，等等。

相对于自主开发而言，出版物附属权利的版权许可开发在专业性和灵活性等方面具备一定的优势，因而在一定时期内仍将作为出版企业重要的权利内容开发形式而存在。目前，很多出版物附属权利的开发也经常以版权许可的形式出现，有些出版企业在精装书出版之前，就为大部分出版物附属版权找到了合适的版权购买人。如有些西方出版企业一般在精装书出版之前先将第一连载权授予一家具有较大发行量的报刊，把书中的一些重要情节以摘要的形式进行连载，同时指明即将出版图书的出版社名称和出版时间等；而在精装书出版之后，出版企业还可以把第二连载权授予相关报刊，既能进一步开发版权资源，又能促进精装书的市场销售，从而形成良好的市场呼应。在具体的版权许可过程中，为避免造成版权市场开发的冲突，出版企业与第三方使用者之间需要制定严格的约定。比如，西方出版企业在出版物附属权利版权许可合同中一般约定，大约在精装书出版销售一年之后，其他出版企业才能出一般纸皮书和俱乐部版图书，大约在两年之后才能出版袖珍版和廉价版的图书[①]。这样，就保证了版权权利内容有着充分的市场开发时间，从而获取最大的经济收益。

(3) 出版物衍生权利开发

出版物衍生权利包括影视改编权、数字及信息网络传播权、作品形象使用权等。这类权利的实现是对版权深层次的开发，因而需要出版企业拥有更为强大的跨媒体运营能力。对于大部分出版企业而言，这类权利内容的开发，应该坚持版权转让和许可为主。因为即使有些出版企业具备一定的实力能够开发相应的数字版权产品，如能实现电子书、网络文学等出版物的开发，但在专业程度、市场开发能力等方面与一些大型数字出版企业相比仍处劣势。因而，目前我国出版企业对于出版物衍生权利的开发，应坚持版权许可为主、自主开发为辅的运作策略。

出版物衍生权利的许可开发在西方颇为常见。自从英国作家罗琳的《哈利·波特》创造商业奇迹之后，一本书带动一条版权产业链的传奇在全球不断上演，《指环王》《名侦探柯南》都以现代出版业为起点，最后全面席卷影视、游戏等商业领域。如《哈利·波特》成为世界超级畅销书后，“哈利·波特”形象权和相关产品的版权许可给了美国时代华纳公司，而时代华纳投入巨资将小说改编成电影，制作了如卡通电视片、图画书、玩具等相关成品，对相关衍生权利进行了经典运作与开发。时代华纳在获得火爆收益的同时，布卢姆斯伯里作为出版物的出版者也受益颇丰。而近年来随着中国出版产业市场化进程的加快，对于出版物衍生权利进行针对性地开发也引起了众多出版企业的广泛关注，有一些图书的相关衍生权利产品也以其他媒体形式出现，从而促进了版权产品的整体市场开发与运营。如《杜拉拉升职记》就是比较杰出的代

---

① 叶新：《要关注附属权贸易》，《出版发行研究》2000年第10期。

表。《杜拉拉升职记》这部职场小说在被民营出版公司博集天卷发现后，3年时间里完成了从图书向文化产品的全方位转型，话剧、电影、电视、服装、鞋业、游戏、音乐剧、网络剧、无线增值等多个文化消费领域都被涉及。到现在，包括图书、电影、电视剧以及相关广告等杜拉拉衍生品，已经创造了至少3.4亿元的产值。目前，杜拉拉系列小说发行量已经超过400万册，在图书领域至少创造了1.4亿元的市场价值。制作成本1500万元的电影票房收入是1.3亿元，电视剧总收入达5000万元左右。上海话剧艺术中心取得杜拉拉话剧版权，作为全国第一部"杜拉拉"衍生产品，话剧《杜拉拉》在全国巡演几十场，票房突破2000万元。这部最初只有2000多字的网络小说，经过一系列的版权开发与运作，创造出惊人的市场价值，而这一切还只是部分衍生权利产品收益，尚有更多权利内容有待开发。

### 6.2.2　版权市场开发策略

对于出版企业而言，版权权利内容的立体化开发是从产品制作角度实现了版权价值链的延伸，而版权价值的最终体现还需要目标市场的支撑。因而从一定意义上说，要实现版权产品的价值，就必须重视目标市场的开发与拓展。从目前我国出版企业市场开发实践来看，对传统纸质图书市场开发以及国内版权产品市场开发相对熟悉，而对国际版权市场开发和数字版权市场开发能力相对不足。而随着出版全球化时代的到来以及数字出版技术的飞速发展，我国出版企业必须在稳固传统版权市场的前提下，加强国际版权市场和数字版权市场的开发，以拓宽目标市场的广度与深度。

（1）进军国际版权市场

版权市场的国际化开拓，早已成为欧美出版企业的重要版权市场开发策略，因而也应该成为我国出版企业版权市场开发的重要方向。随着我国综合国力的不断提升，我国文化在世界范围内的影响力也有较大提高，欧美各国兴起的汉学热就是典型的代表，这种日渐兴起的文化吸引力也为我国出版企业开发国际版权市场提供了一定的有利前提。近年来，随着我国出版产业市场化转型的不断加快，一些出版企业自发地运用版权贸易的形式与国际出版业实现接轨。与此同时，我国政府也注意到国际版权贸易在经济层面以及文化层面的重要作用，及时推出了"中国图书对外推广计划”等措施鼓励国际版权贸易的大力开展，因而目前我国出版企业形成了版权贸易的热潮。从目前各大出版企业版权贸易实践来看，整体而言，版权贸易策略与手段有所进步，但仍有很多不足亟须改进。就开拓国际版权市场而言，有几家大型出版企业做得相对较好。总结其经验，我们认为其大多以版权输出、战略合作和国际组稿的形式成功进军国际版权市场。

①版权输出

一般而言，版权输出是指将国内版权作品的翻译权等权利销售到国际版权市场。随着我国出版企业版权开发能力的不断提升以及政府层面基于国家文化安全角度的政策扶持，近年来版权输出已经成为各大出版企业进军国际版权市场的重要方式。比如，在版权输出方面屡获佳绩的外语教学教研出版社，在汉语学习等方面图书的版权输出经验已经成为版权工作的典范[①]。再如，版权输出连续三年蝉联全国第一的安徽时代出版传媒公司，连续五年版权输出总量平均以 30% 的速度增长。在第十七届 BIBF 上，该公司在输出总量、品种、区域均取得历史性突破：版权输出总量 196 项，较 2009 年同期 146 项同比增长 34%，其中非华语地区 116 项占输出总量的 59%；输出国家主要有美国、西班牙、阿拉伯、波兰、加拿大、韩国、越南等；输出项目范围涉及文化、教育、科技、少儿等类图书，输出品种从传统图书成功衍生到新媒体、新业态产品[②]。此外，一些出版企业积极配合文化“走出去”战略，加强了自主版权图书的开发和对外推广力度，取得了令人瞩目的成绩。如人民教育出版社自 2007 年正式成为“中国图书对外推广工作计划”工作小组成员以来，多次在版权输出排行榜中名列前茅，该社开发的《标准中文》《跟我学汉语》《快乐汉语》《汉语 2008》《我的汉语》等对外汉语品牌教材，版权输出到亚、欧、美洲等多个国家和地区，还顺利实现了体现着中国现代教育理念和发展的《朱永新教育文集》（十卷本）和《日本侵华教育全史》等文化教育类图书的对外版权输出[③]。

纵观以上所举案例，我们可以看出这些成功开展版权输出的出版企

① 《人教社在国际出版合作中诞生两个非凡业绩》，《中华读书报》2010 年 9 月 8 日。

② 陈国志：《时代出版版权输出三连冠》，《安徽商报》2010 年 12 月 24 日。

③ 《人教社在国际出版合作中诞生两个非凡业绩》，《中华读书报》2010 年 9 月 8 日。

业，或者采取了集团化、规模化的运作策略，或者采取了特色化、专业化的版权输出策略。而且随着版权输出业务的不断发展，出版企业版权输出的总量、区域、项目种类也在不断扩大，改变了以前目标输出市场单一、种类集中、总量较少的局面。因此，版权输出作为出版企业常见的开发国际版权市场的手段，出版企业应该根据自身出版特色，结合国际目标市场需求，进行有针对性、系统性的版权输出。

②版权战略合作

出版企业版权战略合作，是从内容资源到渠道资源、从日常事务工作到合作选题开发、从纸质媒体到数字媒体，全流程、多介质的紧密合作。相比较单部作品版权输出而言，中外出版企业形成版权战略合作关系在一定意义上更利于对国际版权市场的规模化开拓。

这一模式已经为国内一些大型出版企业所认同并积极进行实践，从目前来看，在拓展国际版权市场方面也取得了相当好的成绩。如高教社与施普林格、圣智学习等国际知名出版机构在科技图书领域开展了大量高水平的合作项目，其与新加坡世界科技出版公司的合作更是从单本输出发展至“当代应用数学”、“统计前沿”等几大系列①；中国人民大学出版社和麦格劳·希尔教育出版公司共同签署了战略出版合作协议，双方约定共享出版和渠道资源，面对国际、国内市场共同开发选题，并积极探索数字合作的新模式②；人民文学出版社与哈珀·柯林斯出版集团展开合作，三部由人民文学出版社出版的《古船》（张炜）、《边城》（沈从文）、《骆驼祥子》（老舍）英文版本，将由美国圣母大学的葛浩文（Howard Goldblatt）教授以及西方研究近现代中国文学领域最杰出的翻译家翻译并出版③；外研社与麦克米伦教育出版集团开展战略合作后成功在全球推出对外汉语教材合作出版项目《走遍中国》（Discover China）；江苏凤凰出版传媒集团与美国麦格劳·希尔教育出版公司在南京签订了战略合作协议，双方将就基础教育和职业教育等方面的图书出版、产业研究、战略投资进行深度合作，并且携手向国外介绍江苏、推介中国文

---

① 邹韧：《高教社梳理科技出版国际合作路径》，《中国新闻出版报》2008 年 9 月 2 日。

② 中国人民大学出版社：《人大社与麦格劳·希尔签署战略出版合作协议》，《新华书目报》2010 年 9 月 8 日。

③ 木子：《哈珀·柯林斯与中国合作启动三项目》，《中国图书商报》2006 年 10 月 17 日。

化、推出优秀出版物[1]。可以看出，这些出版企业通过版权战略合作，提升了版权开发运作能力，开拓了国际版权市场，获取了更多的版权收益。

③国际组稿

国际组稿是出版社与国际接轨的重要标志之一，也是出版国际化的重要组成部分。与一般意义上的国际组稿不同的是，出版企业以进军国际版权市场为目的的国际组稿，系指出版企业通过建立对外合作部、国际分部等方式，策划国际选题、选择国际作者、销售国际版权市场的版权开发模式。在这种开发模式下，出版企业可以根据目标国际市场调整内容和形式，直接管理和策划版权营销方案。这是一种相当主动的版权开发模式，但也是市场化要求最高的一种模式，因为这种开拓国际版权市场的手段需要一定的企业规模、人才和资金作为后盾，对于出版企业经营实力要求较高。但从长远来看，这种充满主动性和决策性的国际版权市场开发模式必然成为出版企业的必然选择，而且这种开发模式目前已经为国内一些出版企业频繁采用。

如高等教育出版社面对出版业内外部的激烈竞争，率先确定了“在世界范围内寻找出版资源”的国际化总体发展思路，专门设立了海外分社负责海外组稿工作。中国出版对外贸易总公司、中国摄影出版社与澳大利亚开文·威尔顿出版公司合作编辑出版的《中国—长征》大型画册，出版社采取了由国内专家提供素材，而邀请国外作者安东尼·劳伦斯来执笔的办法，经过双方反复磨合，也为了符合国外读者的阅读习惯，画册采用对方提出的方案：以长征为主线，并配以大量反映沿线人民生活、风俗以及山川为主的编排形式推出，获得了极大的成功[2]。再如北京大学出版社借助美国华语教师年会之机积极寻找合作伙伴，与美国汉语教学者共同编辑出版了《国际商务汉语》，此书一经推出就得到许多海外热衷于汉语教学的国外读者喜爱。

从目前我国出版企业国际组稿现状来看，虽然一些大型出版企业已经取得了一定的成绩，但由于人才、资金、审批程序等原因，导致国际

---

① 任殿顺：《凤凰集团开创对外合作新模式：中美出版巨头签订战略合作协议》，《中国图书商报》2006 年 11 月 21 日。

② 缪立平：《国际组稿：出版走向世界的先声》，《出版参考》2002 年 19 期。

组稿的选题种类和渠道出现一些亟须改进的问题。比如，目前国际组稿的选题大多与汉语教育有关，而站在国际视角，对探讨现代政治格局、经济改革、文化变迁等选题的重视力度则不够，这些主流话语问题也应该成为我国出版企业国际组稿的重点选题对象。如可以尝试请外国著名评论家品评实事，以不同的视角及评论吸引读者。此外，我国出版企业组稿渠道相对单一，目前在理论研究类选题方面主要依赖中外的国际学术交流而实现，而在汉语教育版权市场开拓过程中，则主要依赖于海外华人组织的鼎力相助。可以看出，无论是国际学术会议还是海外华人组织，对于整个国际版权市场而言，其影响力都相对有限，获得符合国际版权市场需求的优质选题的机会自然也就相对较小。因此，我国出版企业应加大力度开拓国际组稿渠道，改变目前主要是通过国际学术交流及海外华人组织进行国际组稿的局面。

（2）开拓数字版权市场

2009 年，数字出版业发展迅猛，其总产值首度超越传统书报刊出版物，高达 795 亿元人民币。随着数字出版技术的日益成熟，全球范围内数字出版的竞争越来越激烈，传统出版企业如何加快数字化转型，新媒体公司如何做大做强，成为业内关注的焦点。在这种背景下，很多出版企业不约而同地采取了数字化战略以打造竞争新优势。

①出版企业开拓数字版权市场的常见模式

纵览目前传统出版企业的数字版权市场开发模式，可以分为以下两种：一是自己开发数字平台，二是与数字出版企业进行战略合作。

第一，出版企业自身开发数字版权运作平台。

相较而言，多年的出版实践使得传统出版企业在版权内容方面有着巨大优势，然而对于数字出版终端这个新兴事物却无任何积累。为防止受制于以数字出版技术研发为核心战略的数字出版商，很多传统出版企业不惜投入巨资打造独立的数字出版平台，以开拓数字版权市场。如凤凰出版传媒集团推出“凤凰数字出版工程”，2008 年初专门成立数字化中心，全面负责集团数字化建设的管理、组织与协调工作，目前已开始建设数字内容资源库，开展出版资源的电子化、电子图书的开发、内容资源的深度整理与开发；中心还注册成立由集团控股的凤凰数码印务股份有限公司，引进世界先进的彩色、黑白两条数码按需印刷生产线，实现网上订单、网上定稿、网下物流配送[①]。此外时代出版、中南传媒、上海世纪出版集团等也都纷纷推出数字化战略，以开发企业的数字版权资源。

这些数字平台包括线下的电子阅读器开发和在线阅读的网络出版开发，其中电子阅读器的开发受到了国内各大出版企业的格外关注。如上海世纪出版集团推出“辞海悦读器”，中国出版集团公司推出“大佳阅读器”，重庆出版集团与汉王合作推出“读点经典”阅读器，《读者》杂志推出《读者》电纸书，等等。此外，在线数字出版平台也得到出版企业的普遍重视。如上海世纪出版集团开发出“英语学习”软件在线系统，为中小学生英语水平做自测；搭建在线编撰平台，由单人到几百人“在线编撰”互动；全国最大的出版专业网站易文网则开展各种在线出版业务[②]。

第二，出版企业与数字出版商的充分合作。

传统出版企业与数字出版商的合作，既利用了传统出版企业的丰富内容资源，也充分利用了数字出版商的专业数字出版技术，实现了数字版权市场开发在内容和形式方面的有机结合，也有效地开发了目标版权市场，因而获得众多出版企业的广泛关注与采纳。如北方联合出版传媒（集团）股份有限公司与盛大文学签署“战略合作协议”，实现了传统出版旗舰和网络出版巨擘在资源互补、合作双赢的轨道上的成功“联姻”。根据协议，北方联合出版传媒将进入盛大文学的出版业务，为盛大文学提供出版和版权产业发展平台；盛大文学将在春风文艺出版社除出版决策权之外的经营业务中投资，为北方联合出版传媒和春风文艺出版社提供更丰富的出版选题资源和市场渠道[③]。科学出版社与方正阿帕比签署数字出版战略合作协议，双方将合作打造离线产品“科学e书房”和在线产品“科学文库”，而且这些产品将通过方正阿帕比的数字

---

① http：//www. js. xinhuanet. com/xin_ wen_ zhong_ xin/2010 -08/31/content_ 20775395. htm.

② 乐梦融：《给中国的出版业插上“数字翅膀”——上海世纪出版集团自主创新纪实》，《新民晚报》2010年4月10日。

③ 李勇：《联手网络出版巨擘：出版传媒与盛大文学达成战略合作协议》，《证券日报》2010年4月8日。

平台进行销售，并通过方正的数字技术实现出版社数字化的内容加工①。江苏凤凰出版传媒集团和在电子纸行业拥有垄断地位的台湾元太科技工业股份有限公司建立战略合作关系，双方将共同在教育出版数字化领域开展合作，创建全新的移动教育服务模式，利用凤凰集团丰富的教育出版内容资源和元太公司的技术优势，共同打造从内容到移动终端，再到网络服务的全方位教育出版数字化解决方案②。

②出版企业开拓数字版权市场的策略

尽管目前很多出版企业热衷于自主开发阅读器、网络出版等数字平台，但从长远来看，传统出版企业必须加强与数字出版商的紧密合作，实现内容资源优势与数字出版技术优势的充分结合，才能实现数字版权市场的有效开发。

数字出版平台的自主研发，其优点在于能够使得出版企业开展数字版权业务时保持充分的独立性，但与此同时也面临一系列的问题。由于数字版权市场开发的根本是内容资源的掌控与研发，从长远来看，经过市场洗礼的数字阅读终端最终将会趋于整合，甚至有人断言未来的数字阅读终端将最终由汉王、方正和盛大“三足鼎立”。这也就意味着传统出版商未来将不得不与这些数字出版巨头走向合作，而前期投入的大量资金和财力研发的数字阅读器仅仅成为一个实验。此外，随着一些电信运营商进入数字版权市场，手机这种强大的阅读终端迫使出版企业不得不接受与之合作，因此，长期来看传统出版企业和数字出版企业双方合作是一种必然选择。

在具体合作方式上，一般可以采用版权产品利润分成的形式。这种模式的核心在于分成比例的分配，而分配的比重取决于话语权。目前中国移动在电子阅读业务上与内容提供商的分成比例是6:4，这样的分成比例很难被大部分出版企业所接受，认为这种极度不合理分配是由于中国移动垄断地位所造成，故而合作热情相对不高。而汉王科技的“二八模式”则被大部分出版企业所接受，即汉王获得20%的收益，而出版企业商获得80%的收益。在汉王的“二八模式”中，不仅数字出版商

① 王坤宁、王玉娟：《科学社与方正阿帕比达成数字出版战略合作》，《中国新闻出版报》2010年7月2日。

② http://istock.jrj.com.cn/article，600716，1406996.html.

分成比例小，而且约定电子阅读由版权方定价，这样就提升了出版企业的话语权，也吸引了大量传统出版企业与汉王的鼎力合作。两家公司的政策与传统出版企业的反应可以看出，在数字版权领域的合作需要双方共同让步才能获得共同收益。而对于传统出版企业而言，要想在合作中获得合理的收益，开发优秀版权内容资源以提升谈判话语权才是关键所在。

## 6.3 出版企业的版权保护策略

出版企业的版权保护包含两个层面的含义，一是如何不侵权，二是如何维权。就“不侵权”而言，随着出版企业版权保护意识的不断提高和企业版权保护制度体系的不断完备，在版权获取和开发过程中始终坚持尊重版权就能实现这一目标。即使由于一些意外原因出现侵害他人版权的现象，尊重版权的出版企业也有能力按照法律规定或行业规则有序处理。因此，对于出版企业而言，亟待解决的问题是如何正确维护企业合法权益。从国外出版企业打击侵权的经验来看，许多出版企业在版权保护方面坚持了维权与授权相结合的原则。即在打击盗版等侵权行为的同时，根据市场需要而制定一系列的版权许可模式，给予那些盗版者或潜在盗版者以合法获取正规版权作品并获得相应市场收益的机会。这种维权与授权相结合的原则能够降低出版企业版权被侵权的风险并提高市场收益，在我国也为一些唱片公司有效采用，因而从长远来看也应为我国出版企业广泛采用。

必须要指出的是，西方维权与授权相结合的版权保护模式，源自对版权保护制度的坚决执行，也就是说，我国出版企业要采用这种模式，首先要做的就是运用各种版权保护手段坚决打击盗版等侵害企业版权行为，以有力打击来换取合法合作。具体而言，我国出版企业应从以下三个层面加强版权保护。

### 6.3.1 增强企业自身版权保护力度

从国外版权保护经验来看，出版企业比较有效的具体维权手段应该坚持两个，一是制度保护，二是技术保护。制度保护是指出版企业依据版权保护法律法规，制定符合企业发展需要的版权管理制度体系，为企业版权保护提供制度支持，提升企业向各级版权管理部门、司法机关提起行政申请、法律诉讼等手段维护合法权益的版权保护能力。技术保护则是通过开发版权保护系统、提升仿制成本等手段杜绝盗版等侵权行为的存在。因此，我国出版企业有必要从制度和技术两个层面提升版权保护水平。

（1）提升制度保护能力

本书在第四部分曾论及企业版权制度体系的重要性，并指出出版企业应该制定包括《出版集团版权管理办法》《版权实施细则》《版权奖惩制度》《版权培训制度》等规定的制度体系，以提升出版企业的版权保护能力。这些制度的制定，为出版企业版权保护工作提供了一定的内部硬件支持，而在具体维护版权工作过程中，出版企业还需要运用一系列手段去维护权益。

①强调行政投诉与法律诉讼的常规化运用

当出版企业合法权益遭受非法侵害时，出版企业可以根据侵权事实依法向人民法院提起民事诉讼，请求人民法院判令被告承担相应的民事责任。还可以在发现侵权事实后向各级版权局进行行政投诉，版权局经过立案、调查等程序后，对侵权人作出《行政处罚决定书》处以行政处罚。版权行政管理对于民事诉讼意义不大的侵权者效果明显，而且如果版权局发现侵权人的行为已经触犯了刑法，涉嫌犯罪，则会依法将案件移送公安机关立案侦查，由人民检察院提起公诉，人民法院将以侵犯著作权罪或销售侵权复制品罪判处被告人刑罚。此外，著作权人若有充分证据，也可以直接报案或提起刑事自诉。

②突出权利登记方面的综合保护

在我国，版权登记是对著作权人身份的认证，版权管理部门颁发的作品登记证书可以作为权利人的初步证据，也是权利人许可使用和转让版权的重要凭证。随着出版企业版权运营水平的提高，相关作品衍生权利开发提上日程，如一个动漫形象的衍生产品种类繁多，一个形象存在数量不菲的动漫衍生产品，分类开发获取效益成为市场的必然选择，因而这些衍生产品的权利登记更显得尤为必要。这种登记采用的是自愿原则，但一个强调版权保护的出版企业应该坚持版权登记的绝对原则，其原因即在于确保出现版权纠纷时有据可依。

此外，对于版权衍生产品而言，权利登记保护不仅体现为版权作品的及时登记，还应体现在作品版权与相关权利登记的综合保护，如利用版权登记与商标权、外观设计权申请的综合保护。版权保护的对象是作品的表达方式，商标权保护的是产品的象征图案，外观设计专利保护的是产品的形状、图案、色彩或者其结合，保护的是关于美感的方案。三者都属于知识产权，但其保护对象及权利特征有所差别。就出版企业而言，应该采用版权、商标权和外观设计权的综合登记保护方案。如图书的很多典型插图和形象可以申请商标保护；那些符合外观设计专利的新颖性、创造性和应用性要求的插图和形象，权利人可以申请外观设计专利。而商标权、外观设计专利权被授予后，任何单位或个人未经许可，即不得以生产经营为目的制造、销售、相关产品。因而权利人可以对版权作品及其衍生产品同时进行版权、商标权和外观设计专利保护。在这种综合登记保护背景下，甚至很多按照版权法已经进入公有领域的一些版权作品，仍旧可以受到《商标法》和《专利法》的保护，“彼得兔”[①]一案就是典型代表。

③有效使用诉前禁令

知识产权法中的诉前禁令（以下简称诉前禁令），是指人民法院为及时制止正在实施或即将实施的侵害权利人知识产权或有侵害之虞的行为，在起诉前根据当事人申请发布的一种禁止或限制行为人从事某种行为的强制命令，其目的在于保护权利人知识产权免遭继续侵害，预防难以弥补损害的发生[②]。它是现代世界各国在知识产权诉讼中，经常采取的一种行之有效的保护权利人的行为保全手段，世界贸易组织的TRIPs协议对此作了明确规定。我国著作权法第49条也规定，著作权人或者与著作权有关的权利人有证据证明他人正在实施或者即将实施侵犯其权利的行为，如不及时制止将会使其合法权益受到难以弥补的损害的，可以在起诉前向人民法院申请采取责令停止有关行为和财产保全的措施。从这条规定可以看出，当出版企业面临侵权威胁或正在遭遇侵权时，首先应该采取的措施是及时取证并向法院申请诉前禁令。这一诉前措施可

---

① 吕志华：《从“彼得兔”案件看商标权与版权之正当使用》，《工商行政管理》2004年第13期。

② 杨述兴：《从程序正义反思知识产权法之诉前禁令制度》，《电子知识产权》2006年第8期。

以防止侵权损失的发生与扩大，因而应该为我国出版企业广泛采用与推行。

（2）提高技术保护水平

技术保护是通过开发版权保护系统、提升仿制成本等手段杜绝盗版等侵权行为的存在。随着各种新型出版形式的不断涌现，越来越多的出版企业热衷于对版权产品进行技术保护。这些技术保护手段，在传统纸质出版物和现代数字出版物中皆有体现。

传统纸质出版物有其悠久的历史，相应的盗版者学习、参考的时间与经验也比较丰富，因而传统出版商早已深感盗版等侵权之痛，通过改变传统出版物纸张的颜色、开本、质量以及附加各种防伪标记等手段已经成为各大出版企业的必然选择。然而，这些常规性的版权保护技术手段也只能是针对一些市场需求状况一般的出版物，对于一些畅销书而言，巨大的待售市场就会产生同样巨大的盗版动力，因而对这些版权产品的版权保护技术手段要求更高。如人民文学出版社在“哈利·波特”身上“安装”了多种防盗技术：①采用国际流行的异型16开本；②封面选用进口200克铜版纸特制压纹覆膜，书名采用烫电化铝并压凸工艺；③书内环封使用专用的防伪水印纸；④正文纸采用专门定制的蓝绿色书写纸；⑤每册书内加有一片设计精美、异型裁切的哈利·波特形象书签[①]。在这些高端技术的支持下，类似于《哈利·波特》系列的出版物，在材料、形式方面的精致程度以及成本之高难以为盗版者模仿，也就保证了版权市场的有序销售，因而也成为大型出版企业对于一些重点选题所乐于采取的版权保护技术手段。

数字出版物由于复制的便捷性和传播的迅速性、广泛性特征使其成为盗版等侵权行为的重灾区，相应的，一些控制盗版与非法传播的数字版权保护技术也应运而生。目前在出版企业中，应用比较广泛的数字版权保护技术主要有数字加密技术、数字水印技术、电子签名技术与认证技术、数字指纹技术以及基于数字水印和内容加密之上的DRM技术。其中，出版企业使用最多且比较成熟的是Digital Rights Management（DRM）技术。常见的DRM模型主要由数字媒体的加密保护、身份认证、许可证的签发和许可证的管理四个部分组成，在数字出版产业发展

① 杨贵山：《海外版权贸易指南》，北京：中国水利水电出版社，2005，第160页。

初期这些 DRM 模型起到了很好的版权保护作用。然而，随着数字出版产业规模的扩大和数字出版技术的迅猛发展，盗版的技术也不断提高，因而出版企业需要加大力度研发版权保护水平更高的技术。仅以 DRM 技术为例而言，其版权保护水平的提高应该体现在以下三个方面：一是统一数字版权保护标准，使得各个出版企业使用的数字内容标准、元数据标准、版权描述和封装等标准趋于一致，实现系统之间的互通和互操作；二是提高版权保护的关键技术，保持水印、加密等技术的稳健性；三是提高 DRM 系统的适应性，即设计新的版权保护模式和系统以适用于诸如 P2P 环境、移动环境中的版权保护。通过数字版权保护技术的不断完备，出版企业能够建立完善的版权登记和交易平台，提供版权追踪、检索的监管技术，防止盗版以及非法下载传播，更好地实现数字版权的全面保护。

### 6.3.2 建立出版企业版权保护联盟

虽然目前大部分出版企业有着较强的版权保护意识并且采取了一些版权保护措施，但限于个体出版企业实力等原因，造成版权保护的实践效果相对较差。我们可以感受到版权市场中盗版等侵权活动依然猖獗，不仅技术更先进，而且逐步向有组织、跨地域集团发展。泛滥的侵权行为严重损坏了著作权人的合法权益，扰乱了正常的出版市场经济秩序。面对这种现实，出版企业有必要形成版权联盟对盗版等侵权行为进行规模化、常规化的彻底打击。

（1）出版企业版权保护联盟的优势作用

相对于单个出版企业而言，出版企业版权联盟能够发挥团队优势，能够把出版企业与权利人联合起来，形成维权团队，因而能够在监测范围和打击力度等方面具有较大的优势。

①监测范围与渠道的拓宽

我国目前的打盗维权工作深受监测能力不足和信息渠道不通等原因的影响。在版权行政管理层面，由于我国版权行政部门管理能力相对较弱，大部分省份仅在地市级设有版权管理部门，而且其日常事务性工作相当繁杂，人力也相对有限，很难主动深入行使监测版权市场、获取盗版信息等职责。而出版企业在打盗维权工作中常常因地域、信息渠道所限，难以及时发现侵权者的违法行为，因而无法开展有针对性的版权保护工作。因此，无论是版权行政管理部门的版权市场监督，还是出版企业获取盗版侵权的信息都存在一些难以克服的问题，而这些问题的存在也给不法之徒以可乘之机。出版企业版权保护联盟的成立较好地解决了这一难题，不仅增强了监测范围和能力，而且使得来自读者等支持版权保护人士的举报信息实现了联盟共享。如版权保护联盟成员与各地版权行政管理部门建立健全信息通报机制，在防伪措施、新书上市等方面互通信息以提高执法效率，因而能在更大程度上打盗维权。

②打击力度与影响的加强

出版企业版权保护联盟的组建，使其有实力与各级版权行政部门展开有针对性的合作，积极开展关于联盟的打盗维权工作。下面我们以“京版十五社反盗版联盟”为例来说明这一事实。

> 组建于2000年的京版十五社反盗版联盟在国内打盗维权领域已经形成了一定的规模和影响，其成功在于始终坚持以全国“扫黄打非”办公室为依托，以各地行政执法部门为主体，司法救济为补充，联盟各单位相呼应的工作模式。在联盟的组织协调下，采取灵活多变的协作形式联合出击，取得了令人瞩目的成绩。如2007年9月4日，在高等教育出版社、中国劳动保障出版社的举报和配合下，山东省“扫黄打非”办协调地方执法部门，成功查获山东淄博高青县雨晨印刷厂盗印教材案，查获盗版书一万余册，涉案码洋30余万元。当年11月，经了解得知该厂在被查处后又大量盗印两社教材，两社配合山东省相关管理部门，及时将正在印制盗版书的现场有效控制，现场查缴盗版两社的教材共68799册，盗版所用软片近200种，涉案教材码洋达125万元。联盟为了让其成员单位能在各地有效打击盗版，先后组织多次与省级版权行政执法部门的座谈，每次座谈过程中都要求各成员单位带案件线索来。如一次在武汉组织的座谈会后，联盟成员会同武汉市相关执法部门，冒雨开展了为期两天的“打击高校周边书刊经营点销售盗版教材教辅春季行动”，对一些高等院校周边的17家书店进行了突击检查，现场查缴各类盗版教材、教辅6500余册[①]。

① 邹韧：《京版十五家出版社结成反盗版联盟》，《中国新闻出版报》2008年3月13日。

事实上，出版企业版权保护联盟与版权行政机关共同行动所取得的维权成果，经版权保护联盟予以公布和宣传后，客观上又扩大了版权保护联盟的影响力，也对那些潜在的盗版侵权者起到了强大的警示作用。京版十五社反盗版联盟成立10年来，规模越来越大，打盗维权经验越来越丰富，打盗维权成果也十分喜人。据联盟秘书处的不完全统计，从2004年至2009年，联盟各成员单位配合各地执法部门共查获藏匿盗版窝点79个，查处销售盗版制品门店1700余家、盗印企业4家、使用盗版教材的各级各类学校400余所，共收缴盗版图书、音像制品571万余册（盘），处理各类版权纠纷58件，商标纠纷21件，各类案件中因涉嫌刑事犯罪被拘捕的21人，其中已经受到刑事处罚的涉案人员17人，涉案码洋共计5000多万元，索赔金额近1000多万元，行程遍及我国的30个省（区、市）的100余个地、县①。在众多的版权保护联盟中，京版十五社令人注目的原因固然在于其取得的打盗维权成绩，但也与其注重舆论宣传有关。我们可以发现几乎每一届的联盟年会都会讨论如何加强舆论宣传、拓宽监督渠道、提高联盟知名度的议题，而且在实际工作中联盟也注意结合具体工作采用新闻、访谈、专栏、广告等多种形式曝光典型案例、宣传联盟各项活动成果，从而在社会上产生较大的影响。

（2）出版企业版权保护联盟的组建形式

国内出版企业版权保护联盟组建可以分为两种，一是以地域为核心组建，二是以图书种类为核心进行组建。

地域式的版权保护联盟在我国较多，常见的如四川省版权保护协会反盗版联盟、京版十五家出版社反盗版联盟等。这些联盟的组建多是以某省辖区域或直辖市内的出版企业为成员进行组建，其打盗维权的范围也多限于本地。如四川省版权保护协会反盗版联盟由四川人民出版社、四川少儿出版社、四川日报社、成都市版权局、南充市新闻出版局、中国唱片成都公司、省新华书店、省外文书店、省电影公司、峨眉电影制片厂等40家单位组成，其主要任务是维护本地出版企业的版权利益。相对而言，京版十五社反盗版联盟组建较早，其维权范围也相对较广，目前已经影响到全国。该联盟自2000年5月25日成立至今，已经整整

① 邹韧：《京版十五社反盗版联盟在京10周年庆生》，《中国新闻出版报》2010年6月10日。

10年，从最初的7家成员单位发展到现在包括科学出版社（龙门书局）、商务印书馆、人民文学出版社、人民教育出版社、高等教育出版社、中国少年儿童出版社、中国青年出版社、外语教学与研究出版社、中国人民大学出版社、北京大学出版社、清华大学出版社、北京航空航天大学出版社、电子工业出版社、人民邮电出版社、人民卫生出版社、法律出版社、北京师范大学出版社、中国劳动社会保障出版社、中国建筑工业出版社等企业在内的26家成员单位，其专、兼职打盗人员从最初的11人，扩大到如今的50余人。为了进一步促进版权保护工作的开展，京版十五社反盗版联盟正在试图更名为“京版反盗版联盟”或“全国反盗版联盟”，以便于吸收更多自愿维权的出版单位，同时联盟的号召力、影响力将会更大更强。

也有一些出版企业围绕类似或相同的图书种类组成了版权保护联盟，开展专项打盗维权工作。如为了维护广大考生和著作权人、出版社的合法权益，维护自学考试的工作秩序，31家出版自学考试教材的出版社成立了反盗版联盟，而且在该联盟推动下，全国考委办公室和各省、自治区、直辖市自学考试管理机构纷纷设立举报奖励基金，凡举报重大盗版自学考试教材案件，经查实，将按查缴到的盗版教材码洋的2%～4%的比例给予现金奖励[①]。另外，为净化少儿出版的市场环境，21世纪出版社、安徽少年儿童出版社、福建少年儿童出版社、江苏少年儿童出版社、明天出版社及浙江少年儿童出版社联合成立了“华东六省少儿出版社反盗版联盟”，该联盟将立足华东六省，整合各社资源，建立一种及时发现盗版、快速反馈信息和有效打击盗版活动的行动机制，在调查、取证、举报、诉讼等方面进行全面合作，运用一切法律手段打击涉及六社的各种侵权盗版行为，依法追究其法律责任[②]。这类以图书种类为特征的版权保护联盟，由于在选题、内容制作、图书销售等领域经常有所交叉，相关图书版权市场的维护能够使得大家同样受益，因而使得各出版企业在监测版权市场、打击非法出版等方面形成共识。

对于版权保护工作而言，地域式或图书种类式的版权保护联盟组建都有其可取之处，出版企业可以根据自身出版特色去选取合适的联盟组

① 施芳：《三十一家出版社成立反盗版联盟》，《人民日报》2003年11月4日。

② 《华东六省少儿出版社反盗版联盟宣言》，《中华读书报》2006年8月23日。

合。而且无论是哪种形式的版权保护联盟，发展到后来在地域和图书种类方面的覆盖面都将会无限扩大，而且随着版权保护工作的不断深入，各个版权保护联盟之间的紧密合作也将会不断涌现。

### 6.3.3 积极向行业协会提出版权保护诉求

在版权保护方面，出版行业协会代表的是整个产业的利益需求，其版权保护方面的影响力远远大于一个企业或联盟的作用。因而出版企业在提升自身版权保护能力和加强版权保护联盟的基础上，还需积极向出版行业协会提出相应诉求。

（1）出版行业协会维护成员版权利益的优势

出版行业协会组建的宗旨在于保护其成员利益。协会为保护成员利益，有能力采取积极的行动以影响立法、打击侵权。这种自律性的管理模式在西方出版界起到重要的作用，而且随着数字出版技术的迅猛发展以及出版全球化的不断扩张，出版行业协会在维护成员数字版权和国际版权方面的优势逐渐展现。

首先，出版行业协会在解决国际版权保护问题方面具有一定优势。随着出版全球化进程的加快，国际版权保护问题也成为一些出版企业必须面临的问题，这些问题的解决对于一家个体出版企业或一个区域版权保护联盟而言往往成为耗时耗力的棘手问题。而对于出版行业协会而言，它可以以一个国家出版产业代表的身份去为某个成员版权产品在异国遭受侵权而向当地政府、行业组织等提起申请或诉讼。鉴于其代表了一个国家的出版企业群体，即使涉案数额很小也会引起高度重视，进而促进这些国际版权保护问题的解决。不仅如此，一些出版行业协会还有能力加强与他国政府或行业协会的合作，帮助其成员顺利进入国际市场并受到严格的版权保护。如美国出版商协会就参与一个综合计划，以打击盗版，增加其成员产品公平进入外国市场的途径，并且针对非法复制和销售其成员出版的大学教科书和其他学术资料情况，美国出版商协会与其会员公司的各地区代表密切配合，共同寻求外国政府官员和利益同样受到盗版威胁的当地出版商的合作①。这一活动有效打击和控制了相

① 〔美〕汤姆斯·艾伦：《美国出版业面对的挑战以及如何迎接挑战》，《中国包装工业》2009年第10期。

关领域的国际盗版问题，维护了成员企业的版权利益。

其次，出版行业协会在维护出版企业数字版权方面具有一定优势。数字技术的发展，使得版权内容传播超越了地域等传统限制，因而给出版企业在版权保护方面设置了许多技术上难以逾越的难题。出版行业协会作为整个出版商利益的代表，有能力组建相应的版权保护技术研发小组，开发需要的版权保护系统维护其会员的版权利益。我们可以美国出版商协会数字版权保护工作为例来说明这一问题。如在打击网络盗版方面，美国出版商协会的在线盗版工作组能够对互联网进行监控，研究和分析在线图书盗版的程度和性质，以发现非法侵权行为并向其会员报告；而在教材数字化方面，美国出版商协会与一些大学就新的版权指导原则达成了一致，重申以数字化形式提供给学生的教育内容应当按照适用于印刷版材料的相同版权原则予以对待，如今大多数美国大学都遵守这些指导原则①。类似于建立综合的版权监测网站和缔结合理的数字版权使用原则，这都不是一个出版企业或某个小的出版企业联盟所能实现，而出版行业协会在数字版权维护方面的工作很好地保护了出版商的利益。

（2）我国出版行业协会有能力为出版企业提供版权保护支持

我国出版行业协会虽不成熟，但也在发挥着积极的作用，而且相比一些其他组织而言，它代表一个产业的声音，因而也能获得更多社会力量的支持，也能产生更大的震慑力。而且由于盗版等侵权行为的越演越烈，关于版权保护的行业协会组织也越来越多，产生的版权保护作用也越来越明显。

我国出版行业协会的发展已经具备一定规模。在我国，出版行业协会拥有数量最多的是北京地区。据初步统计，全国共有出版行业协会及其下属协会 179 个，其中北京地区为 50 个，占全国出版行业协会总数的 27.93%，而出版工作者协会及其下属协会在北京地区有 32 个，期刊协会及其下属协会在北京地区有 10 个，版权保护协会在北京地区有 2 个，还有书刊发行协会、编辑协会、音像协会、印刷协会等②。在众多

① 〔美〕汤姆斯·艾伦：《美国出版业面对的挑战以及如何迎接挑战》，《中国包装工业》2009 年第 10 期。

② 王锦贵、裴永刚：《北京地区出版行业协会状况研究》，《大学出版》2008 年第 5 期。

出版行业协会中，中央级的出版行业协会发挥着重要版权管理和保护作用，其中比较著名的如中国出版工作者协会、中国版权协会、中国印刷技术协会、中国书刊发行业协会、中国编辑学会、中国期刊协会、中国音像协会、中国版权研究会等。除此之外，很多如北京市出版工作者协会、北京印刷协会、北京市书刊发行业协会、北京市版权保护协会等地区性的出版行业协会也在区域版权保护工作中发挥着重要作用。因此，从我国出版行业协会的发展现状来看，有能力为出版企业提供比较权威的版权保护。

事实上国内出版行业协会一直在积极维护出版企业的合法权益，尤其在解决国际版权问题方面采取了积极行动。在中国出版“走出去”的过程中出现了很多版权难题，这些问题出现的原因或是因法律环境不同、市场模式分歧所致，但大部分问题原因在于文化差异所导致的沟通不畅进而发展成为版权纠纷，因此加强国际出版界的交流与合作成为“走出去”的必然选择。出于保护国内出版企业版权利益的需要，我国出版行业协会通过采取召开国际会议、媒体宣传等方式积极开展对外交流活动，如组团参加亚太出版商联合会（APPA）年会、举办华文出版联谊会议、积极磋商加入国际出版商协会、与国外出版机构签署人员培训协议等。这种国际出版界的交流减少了文化误解，增强了双方的信任，降低了版权纠纷发生的概率，从而为我国出版企业解决国际版权纠纷提供了可能。

从以上分析我们可以看出，欧美出版行业协会在国际版权保护和数字版权保护方面发挥着非常重要的作用，而我国出版行业协会虽然相比而言尚不成熟，但目前的发展规模也已经有能力在国际版权保护方面做出相当大的贡献。而且随着我国出版行业协会加入国际出版商协会等国际出版自律组织的顺利实现，其产业代表的身份在国际版权市场产生的影响力和对不法分子的震慑力将更大，因而，我国出版企业应该积极向出版行业协会提出相应合理诉求，从而维护企业自身合法权益。

# 7　我国出版企业版权战略的评价与控制

出版企业在制定版权战略以后，具体版权战略实施的效果能否与预期战略目标相一致，取决于企业在执行版权战略时是否采用了有效的控制手段。事实上，版权战略实施的整个过程，出版企业都必须采取有效的控制措施，以提高战略执行力，从而实现预期的版权战略目标。而这种控制的实现，既需要出版企业在宏观层面构建一个完整的控制系统，又需要在微观层面构建能够体现企业版权业务开展阶段与水平的评价指标体系。

## 7.1　出版企业版权战略评价

战略制定、战略实施与战略评价是出版企业版权战略管理不可分割的三个部分。在对出版企业的版权战略制定、版权战略实施加以分析后，为了实现出版企业版权战略管理的完整性，相应的版权战略评价体系和评价指标必须加以明确。

### 7.1.1　出版企业版权战略评价的内涵

出版企业版权战略评价，是企业版权管理人员用来保持或者修正版权管理活动形式的一系列正式方法和程序的集合。这些方法和程序以特定的版权信息为基础而建立，通过比较实际结果和企业版权战略目标之间的差距来帮助管理人员适时追踪和修正企业版权战略的实施。

出版企业版权业务的战略评价同其他企业战略评价相似，同样可以分为事前评价、事中评价和事后评价三个层次。事前评价即版权战略分析评价，它是一种对出版企业目前内外部环境的分析，其目的是为了发现最佳机遇从而确定版权战略目标；事中评价即战略选择评价，它是对版权战略执行中对具体情况与企业版权战略目标存在差异时的及时处理；事后评价也就是出版企业的版权战略绩效评价，它是对出版企业版权战略目标完成情况的分析、评价和预测，是一种综合评价。

### 7.1.2 出版企业版权战略的评价指标体系

出版企业版权战略管理的每一步都离不开具体评价指标体系的支持，因此，相应评价指标体系的构建就需要遵守战略评价原则，从而提供科学的可比性信息。

(1) 出版企业版权战略评价指标体系的构建

出版企业版权战略评价体系的具体指标选取，可以分为可量化指标和非量化指标。可量化指标如签约作家数量、版税支出额等，这些指标能够清晰地反映企业版权业务的执行程度；非量化指标如出版企业版权制度建设程度、版权文化构建情况等可以反映企业版权战略管理的宏观情况。相对而言，非量化指标易于选取但很难指导目前我国出版企业的版权业务实践，而一些关键性的可量化指标的选取则能直接指导大部分出版企业的版权战略管理工作，因此，本书也将采用可量化指标构建出版企业版权战略的评价指标体系。

由于我国尚未建立健全的企业知识产权信息披露制度，因此出版企业版权战略实施的相关数据在目前条件下难以全面获取，因此，在制定出版企业评价指标体系时，应重点保证所获取数据的信度及效度，节约社会成本及评价成本，从而提高评价出版企业版权工作的可行性和准确性。同时，为了实现各项评价指标对出版企业具体版权业务工作的指导作用，我们在设计版权战略评价指标体系时应充分考虑总量与比率指标、动态与静态指标、定量与定性指标间的合理布局。而对于具体评价指标的选取，还应从出版企业版权业务的特征上进行研究，也就是说具体指标应能体现版权获取、开发、保护和管理这四个阶段的业务执行情况。

基于这些出发点，在借鉴现有一些知识产权生产企业评价体系的基础上，按照出版企业版权活动过程的特点并结合我国出版企业版权业务的实际情况，笔者选择了 24 项关键性指标（Key Performance Indicators, KPI），初步构建了反映版权数量、质量和价值的出版企业版权战略评价指标体系（如表 7－1），用以参照评价我国出版企业版权战略实施情况。

**表 7-1　出版企业版权战略评价指标体系**

| 评价环节 | | 评　价　指　标 | 评　价 |
|---|---|---|---|
| 版权获取 | 1 | 版权信息利用率 | 4　3　2　1 |
| | 2 | 签约作家比例 | 4　3　2　1 |
| | 3 | 知名作家数量 | 4　3　2　1 |
| | 4 | 品牌版权数量 | 4　3　2　1 |
| | 5 | 合约纠纷数量 | 4　3　2　1 |
| | 6 | 版权来源分布 | 4　3　2　1 |
| | 7 | 版税支出与版权收入比 | 4　3　2　1 |
| 版权开发 | 8 | 版权销售种类 | 4　3　2　1 |
| | 9 | 版权销售市场分布 | 4　3　2　1 |
| | 10 | 版权推广费用占企业总推广费用比例 | 4　3　2　1 |
| | 11 | 版权收入占企业总收入比例 | 4　3　2　1 |
| | 12 | 固定版权收入占总版权收入比例 | 4　3　2　1 |
| 版权保护 | 13 | 侵权纠纷数量 | 4　3　2　1 |
| | 14 | 维权调查次数 | 4　3　2　1 |
| | 15 | 律师函发送量 | 4　3　2　1 |
| | 16 | 版权纠纷立案量 | 4　3　2　1 |
| | 17 | 侵权赔偿额 | 4　3　2　1 |
| | 18 | 维权收入额 | 4　3　2　1 |
| 版权管理 | 19 | 版权管理人员数量 | 4　3　2　1 |
| | 20 | 版权管理人员占企业员工比例 | 4　3　2　1 |
| | 21 | 版权业务奖励金额 | 4　3　2　1 |
| | 22 | 版权管理技术平台建设经费 | 4　3　2　1 |
| | 23 | 人均版权管理经费 | 4　3　2　1 |
| | 24 | 版权业务专题宣传、培训次数 | 4　3　2　1 |

（2）出版企业版权战略管理评价指标的使用说明

在运用表 7-1 所示的版权战略评价指标体系时，出版企业可以根据开展评价工作的实际需要设置不同的评价阶段，如以会计年度或特定时段为评价阶段，然后根据下文的评价体系指标解释来开展自我评价工作。

版权信息利用率：以相同年（年段）为单位统计的深入追踪版权信息量占版权信息总量的比例，用以考察出版企业对版权信息的收集、立项的使用能力。最高分为4，最低分为1，版权信息利用率越高则分值越大，越低则越小。

签约作家比例：以相同年（年段）为单位统计的签约作者与当年（年段）作者总量的比重，以考察出版企业固定版权资源获取的情况。最高分为4，最低分为1，签约作家比例越高则分值越大，越低则越小。

知名作家比例：以相同年（年段）为单位统计的知名作家与当年（年段）作者总量的比重，以考察出版企业核心版权资源获取建设程度。最高分为4，最低分为1，知名作家比例越高则分值越大，越低则越小。

品牌版权比例：以相同年（年段）为单位统计的品牌选题版权产品与当年（年段）选题总量的比重，以考察出版企业获取优秀版权资源的能力。最高分为4，最低分为1，品牌版权比例越高则分值越大，越低则越小。

合约纠纷比例：以相同年（年段）为单位统计的产生纠纷的版权合约与当年（年段）版权合约总量的比重，以考察出版企业版权获取的严谨度。最高分为4，最低分为1，合约纠纷比例越低则分值越大，越高则越小。

版权来源分布：以相同年（年段）为单位统计的版权来源分布，以考察出版企业版权资源获取工作的辐射能力。最高分为4，最低分为1，版权来源分布越多则分值越大，越少则越小。

版税支出与版权收入比：以相同年（年段）为单位统计的版税支出与当年（年段）版权收入的比重，以考察版权获取工作的成本控制能力。最高分为4，最低分为1，版权支出与版权收入比例越低则分值越大，越高则越小。

版权销售种类：以相同年（年段）为单位统计的版权销售种类，以考察出版企业版权资源的内容开发能力。最高分为4，最低分为1，版权销售种类越多则分值越大，越少则越小。

版权销售市场分布：以相同年（年段）为单位统计的版权销售地域分布，以考察出版企业版权资源的市场开发能力。最高分为4，最低分为1，版权销售市场越多则分值越大，越低则越小。

版权推广费用占企业总推广费用比例：以相同年（年段）为单位统计的版权推广费用与企业总推广费用比例，以考察出版企业版权资源开发的重视程度。最高分为4，最低分为1，版权推广费用占企业总推广费用比例越高则分值越大，越低则越小。

版权收入占企业总收入比例：以相同年（年段）为单位统计的版权收入与企业总收入的比重，以考察出版企业版权业务的贡献度。最高分为4，最低分为1，版权收入占企业总收入比例越高则分值越大，越低则越小。

固定版权收入占企业总版权收入比例：以相同年（年段）为单位统计的固定版权收入与企业总版权收入的比重，用以考察出版企业固定版权收入的贡献度。最高分为4，最低分为1，固定版权收入占企业总版权收入比例越高则分值越大，越低则越小。

侵权纠纷数量：以相同年（年段）为单位统计的企业侵害他人版权纠纷数量，用以考察出版企业的版权尊重度。最高分为4，最低分为1，侵权纠纷数量越少则分值越大，越多则越小。

维权调查次数：以相同年（年段）为单位统计的企业版权管理部门针对本企业被侵权情况进行调查的次数，用以考察出版企业版权管理部门的市场监控力度及效果。最高分为4，最低分为1，维权调查次数越多则分值越大，越少则越小。

律师函发送量：以相同年（年段）为单位统计的针对本企业被侵权情况发送的律师函数量，用以反映出版企业当年（年段）的维权力度。最高分为4，最低分为1，律师函发送数量越多则分值越大，越少则越小。

版权纠纷立案量：以相同年（年段）为单位统计的涉及企业被侵害版权纠纷立案次数，用以考察出版企业版权管理部门的市场监控力度和法务管理效果。最高分为4，最低分为1，版权纠纷立案量越高则分值越大，越低则越小。

侵权赔偿额：以相同年（年段）为单位统计的涉及企业因侵害版权而支付赔偿或罚金的额度，用以反映出版企业版权业务的违法损失。最高分为4，最低分为1，侵权赔偿额越低则分值越大，越高则越小。

维权收入额：以相同年（年段）为单位统计的本企业因被侵权而

获得赔偿的额度，用以反映出版企业版权保护的维权能力和法务水平。最高分为4，最低分为1，维权收入额越高则分值越大，越低则越小。

版权管理人员数量：以相同年（年段）为单位统计的专职版权管理人员数量，用以考察出版企业版权管理组织的健全程度和人力资源投入情况。最高分为4，最低分为1，版权管理人员数量越多则分值越大，越少则越小。

版权管理人员占企业员工比例：以相同年（年段）为单位统计的企业版权管理人员占企业员工总数的比重，用以考察版权管理人员配置的合理程度。最高分为4，最低分为1，版权管理人员占企业员工比例越高则分值越大，越低则越小。

版权业务奖励金额：以相同年（年段）为单位统计的企业对版权业务人员或为版权业务作出贡献的人员的奖励金额，用以考察出版企业对于版权业务的激励程度。最高分为4，最低分为1，版权业务奖励金额越高则分值越大，越低则越小。

版权管理技术平台建设经费：以相同年（年段）为单位统计的企业投入的版权管理技术平台建设经费，用以考察出版企业版权业务的基础设施投入程度。最高分为4，最低分为1，版权管理技术平台建设经费越高则分值越大，越低则越小。

人均版权管理经费：以相同年（年段）为单位统计的出版企业投入版权管理部门的人均费用，用以考察出版企业对于版权管理工作的财力资源投入度。最高分为4，最低分为1，人均版权管理经费越高则分值越大，越低则越小。

版权业务专题宣传、培训次数：以相同年（年段）为单位统计的企业开展版权知识专题宣传、培训的次数，用以考察出版企业为提高员工版权意识的投入力度。最高分为4，最低分为1，版权业务专题宣传、培训次数越多则分值越大，越少则越小。

## 7.2 出版企业版权业务的战略控制

出版企业版权业务的战略管理，既需要制定明确的版权战略规划，也需要采取专业的版权业务策略来实施，同时还需要在版权战略实施过程中根据一定的评价指标体系判断战略执行的效果，从而实现版权战略管理的整体控制。从这方面可以看出，出版企业版权业务的战略控制是整个战略管理过程中不可或缺的一环，需要企业高度重视。

### 7.2.1 出版企业版权战略控制的内涵

根据战略管理理论，出版企业版权战略管理的基本假设是企业所选定的版权战略应该能够实现企业的战略目标。然而，出版企业版权战略的执行并不会一帆风顺。如微观层面，出版企业版权战略实施过程中，出版企业的成员可能会由于缺乏必要的能力、知识和信息等原因，对所要涉及的业务不甚了解或不知如何具体开展，从而出现具体行为上的偏差；宏观层面，由于原来版权战略规划指定的不当或外在环境发生重大变化，造成版权战略的局部或整体不符合出版企业的发展现实。因此，出版企业版权业务的战略管理过程必须要有科学的战略控制，从而实现企业的版权战略目标。

因此，出版企业版权业务的战略控制，主要是指在出版企业版权战略的实施过程中，检查企业为达到战略目标所开展的各项业务活动的进展状况，运用业务评价指标体系考察实施版权战略后的企业绩效，把它与既定的战略目标与绩效标准进行比较，从中发现战略差距并分析产生偏差的原因后纠正偏差，使版权战略的实施更好地与出版企业当前所处的内外环境协调一致，从而使企业的版权战略目标得以实现。

### 7.2.2 出版企业版权战略的控制模式

出版企业版权战略控制系统的构建，其目的是使出版企业对版权战略的制定、实施和评价三个过程中存在的干扰因素进行分析和控制，使企业版权战略的实施满足战略目标的具体要求。其实质是建立一个通过对出版企业资源和能力的控制使战略流程、运营流程、人员流程能够紧密结合的系统。在这个系统之中，出版企业版权业务的战略制定、战略实施和战略评价都成为其中的重要组成环节。具体控制模式可参考图 7 – 1。

图 7 – 1 所示的出版企业版权战略管理模式，强调版权业务管理的整体性、动态性特征。其中起核心作用的是出版企业版权管理部门，它通过对企业内外部环境的分析明确企业的战略目标，制定具体版权战略并推动版权战略的具体实施，同时通过参照一些版权业务的评价指标体

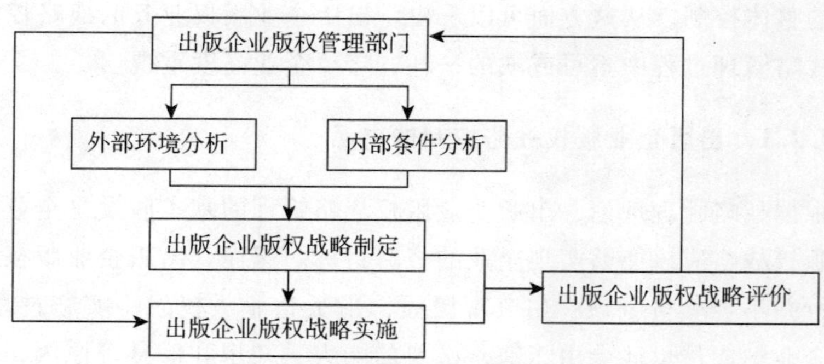


**图 7－1　出版企业版权战略管理控制模式**

系及时观测企业版权战略开展状况，对企业版权战略开展实现全程控制。出版企业的版权业务评价结果反馈形成后，出版企业版权管理部门可以根据反馈影响的具体程度，采取进一步的有效措施。如果评价结果显示版权战略目标有待进一步细化或修改，出版企业版权管理部门就会重新明确战略定位，从而采取针对性的版权业务实施策略；如果评价结果表明在版权战略实施中出现了一些细节性的偏差或业务方面出现失衡，出版企业版权管理部门则会针对问题纠正偏差、调整力量从而推进版权战略的整体实施。

# 8 结 语

随着出版全球化进程的加速以及我国出版企业市场化运营程度的进一步提高，无论是宏观层面的政府还是微观层面的出版企业，都在不断强调出版企业版权的市场化运营。这一呼声的出现有其深刻的历史原因和紧迫的现实原因。历史原因在于长期处于计划经济下的出版企业缺乏资源开发的市场意识，更毋须妄谈对于版权这种无形资源的主动运营，而这种对于版权资源市场化开发的忽视，使我国出版企业缺少战略化运作版权的经验，这一点从我国出版企业版权管理现状的描述中可以看出。现实原因在于 WTO 背景下我国出版企业面临的新市场规则下的国际竞争，而且我国作为出版全球化的后来者和被动接受者，不得不接受那些强大的先入者所规定的市场规则，因而在刚进入国际版权市场时出现贸易领域的长期逆差，更是在经济、文化等层面的竞争中处于完全的劣势。历史形成的弱势以及现实的压力，说明强化版权业务的战略化管理意识，增强版权管理能力，应该成为新形势下中国出版企业的必然选择。

从目前发展现状来看，我国出版企业也已具备版权业务的战略化管理能力。首先，《国家知识产权战略纲要》的颁布为出版企业版权战略管理提供了宏观背景。版权管理一般可以分为国家、行业、区域和企业四个层次。国家版权管理最为宏观，企业版权管理则最为微观。我国在宏观层面《国家知识产权战略纲要》的颁布，尤其宏观层面对于提高版权运营能力的强调，在实践中主要就是依赖企业的版权战略化管理来予以实现，事实上为出版企业版权业务的战略化管理指明了具体方向。其次，我国出版企业近年来与国外大型出版企业的交流与合作，为企业的版权战略化管理积累了一定经验。尽管在大部分中外出版企业之间的交流与合作中，欧美出版企业常常处于主动角色，在市场占领、利润分配等方面掌握着话语权，但在这种常态化的市场合作中，中国出版企业所收获的不仅仅是相对较低的经济收入，更为宝贵的是学习和掌握了国际出版市场的运营规则和出版企业的版权管理经验。这些经验和市场化版权运作手段，对于向市场化转型的我国出版企业而言非常难得，这种交流与合作在出版实践中也真正助推了国内出版企业的版权业务的发展，国内很多与欧美出版企业展开深度版权合作的出版集团，其版权业务都实现了蓬勃开展。

基于这种现实，本书对出版企业版权战略管理问题展开研究。我国出版企业版权管理现状如何？出版企业如何开展版权业务的战略化管理？诸如此类的问题是本书试图解决的对象。尽管笔者的初衷和文章实际达到的效果有很大差距，但毕竟是一种努力和尝试。在前人理论研究相对较少、国内出版企业版权管理意识相对淡薄的背景下，笔者只能试图从国外出版企业的版权运作经验中寻找相关问题的答案。而限于时间、空间和能力等原因，本书只能给出以下尚不完善的结论。

第一，版权业务的战略化管理应该成为出版企业的必然选择。因为作为企业最核心的资源，版权资源开发能力的高低将在未来版权市场竞争中起到决定性的作用。而且我国《国家知识产权战略纲要》的出台为出版企业版权管理指明了方向，出版企业版权管理专业化程度、版权贸易水平以及反盗版能力都需要及时提高，以适应知识经济时代的市场竞争需求。

第二，出版企业版权战略管理需要建构科学的支持体系，其内容应该由版权组织、版权制度、版权文化和版权技术构成。版权组织协调出版企业的版权业务工作，版权制度使企业版权业务有规可依，版权文化则为出版企业提供一个版权氛围，版权技术为出版企业版权业务的开展提供信息化支持。

第三，出版企业的版权战略管理需要采取一定的运营策略，其内容应该包括版权获取策略、版权开发策略和版权保护策略。就版权获取而言，出版企业应该追求权利内容获取的全面性和专业性的统一，坚持版权获取渠道的主动性、专业性和共享性策略。就版权开发而言，在权利内容方面应该坚持出版物核心权利、附属权利和衍生权利三层开发策略，在版权市场方面应该加强国际版权市场和数字版权市场的开发，以拓宽目标市场的广度与深度。就版权保护而言，应该坚持维权与授权相结合的版权保护模式，具体而言应该从三个层面加强版权保护：一是增强企业自身版权保护力度；二是建立出版企业版权保护联盟；三是积极向出版行业协会提出版权保护诉求。

本书关于版权战略管理的研究，可能存在理论上的欠缺，也可能与版权业务实践存在些许误差，但相信本书能够提升出版企业管理者版权业务管理的战略化意识，进而能够整体提高我国出版企业版权业务管理水平。

在写作过程中，也发现一些不足。如在介绍国外出版企业版权管理经验时，由于语言能力所限，仅选取了欧美出版企业作为研究对象，因而其代表程度有限。而且关于国外出版企业版权管理经验的分析，由于获取的资料仅仅限于企业网站信息的采集和相关文献的分析，大量国外出版企业成型的文件资料无法获取，因而在一定程度上欠缺说服力。此外，在建构出版企业版权战略管理的支持体系时，由于国内出版企业尚无典型案例，只能借鉴一些知识产权企业的相关管理内容，而软件企业和其他工业产权生产企业与出版企业存在很多不同，在借鉴、整理的过程中所得出的出版企业版权业务管理规定，相对而言不够完备和细化，因而缺乏绝对的实践指导作用，仅可以在一定程度上作为参考。随着资料的后续完备，以及笔者对这一问题的持续关注，论文的不足将得到进一步弥补。

此外，在写作过程中，笔者常常思考这样一个问题：版权制度的作用，在于保护创造者的权益，而这种保护的实现取决于作者、出版商、使用者三者之间的利益平衡。本文选取的视角，是从出版商的角度出发，由此提倡采取一定的措施与策略以维护和扩充出版商的利益。那么这种措施与策略会不会打破已有的平衡而引发新的争端呢？要知道，出版商对于版权的垄断地位早已为人诟病！尽管本书在阐释这种策略时，强调出版企业应该坚持合作共赢的原则。那么在数字环境下的出版企业又会面临新的情况，数字出版企业又该如何在尊重作者的前提下，采取怎样的措施与策略去获取、开发和保护版权呢？这应该成为笔者继续关注的问题。

# 参考文献


**一、中文文献**

1. 〔美〕罗纳德·V. 贝蒂格：《版权文化——知识产权的政治经济学》，北京：清华大学出版社，2009。

2. 〔美〕托马斯·沃尔：《销售附属版权行家指南》，北京：中国人民大学出版社，2006。

3. 〔美〕威廉·M. 兰德斯、理查德·A. 波斯纳：《知识产权法的经济结构》，北京：北京大学出版社，2005。

4. 杨延超：《知识产权资本化》，北京：法律出版社，2008。

5. 陈传夫：《信息资源知识产权制度研究》，长沙：湖南大学出版社，2008。

6. 李德成等：《著作权战略、管理、诉讼》，北京：法律出版社，2008。

7. 马一德：《中国企业知识产权战略研究》，北京：商务印书馆，2006。

8. 冯小青：《企业知识产权战略（第二版）》，北京：知识产权出版社，2005。

9. 李培林：《企业知识产权战略理论与实践探索》，北京：知识产权出版社，2010。

10. 王黎萤：《中小企业知识产权战略与方法》，北京：知识产权出版社，2010。

11. 陈昌柏：《知识产权战略——知识产权资源在经济增长中的优化配置》，北京：科学出版社，2009。

12. 〔英〕保罗·理查森：《英国出版业》，北京：世界图书出版公司，2006。

13. 〔英〕欧文·莱内特：《中国版权经理人实务指南》，北京：法律出版社，2004。

14. 陈昕：《美国数字出版考察报告》，上海：上海世纪出版集团 –

上海人民出版社，2008。

15. 杨贵山等：《海外版权贸易指南》，北京：中国水利水电出版社，2005。

16. 耿相新：《英美出版文化行记》，开封：河南大学出版社，2006。

17. 王瑜、丁坚、腾云鹏：《企业知识产权战略实务》，北京：知识产权出版社，2009。

18. 朱慧：《激励与接入：版权制度的经济学研究》，杭州：浙江大学出版社，2009。

19. 易健雄：《技术发展与版权扩张》，北京：法律出版社，2009。

20. 向勇：《北大文化产业前沿报告》，北京：群言出版社，2004。

21. 联合国教科文组织著《版权法导论》，张雨泽译，北京：知识产权出版社，2009。

22. 沈仁干、钟颖科：《著作权法概论》，沈阳：辽宁教育出版社，1995。

23. 郑成思：《版权法》，北京：中国人民大学出版社，1997。

24. 蒋茂凝：《国际版权贸易法律制度的理论建构》，长沙：湖南人民出版社，2005。

25. 〔美〕约翰·冈茨、〔美〕杰克·罗切斯特著《数字时代盗版无罪?》，周小琪译，北京：法律出版社，2008。

26. 郑成思：《知识产权文丛》（第6卷），北京：中国方正出版社，2001。

27. 郑成思：《知识产权文丛》（第1卷），北京：中国政法大学出版社，1999。

28. 〔德〕彼得拉·克里斯蒂娜·哈特：《版权贸易实务指南》，上海：上海世纪出版集团－上海人民出版社，2009。

29. 〔匈〕米哈伊·菲彻尔：《版权法与因特网》，北京：中国大百科全书出版社，2009。

30. 徐康平等：《图书期刊著作权的法律保护》，北京：学苑出版社，2010。

31. 黄先蓉：《出版法规及其应用》，苏州：苏州大学出版社，2005。

32. 黄先蓉：《出版法教程》，长沙：湖南大学出版社，2008。

33. 张养志、吴亮：《首都文化创意产业发展中的版权贸易研究》，上海：华东师范大学出版社，2009。

34. 余敏：《国外出版业宏观管理体系研究》，北京：中国书籍出版社，2004。

35. 柳斌杰：《中国版权相关产业的经济贡献》，北京：中国书籍出版社，2010。

36. 黄先蓉、王志刚：《从网站建设整体分析我国出版企业版权意识》，《出版发行研究》2010年第6期。

37. 韩洁、谭予涵、谭霞、王芳、王敏：《美国版权战略对我国文化产业发展的启示》，《重庆工商大学学报》2009年第1期。

38. 包海波：《试析美国版权战略与版权业发展的互动》，《科技与经济》2004年第6期。

39. 张凤杰：《奇迹：从3200美元到436亿美元——版权经营促成的迪斯尼跨越式发展及启示》，《传媒》2007年第9期。

40. 陈静静：《版权经营如何撑起一个媒介集团——从迪斯尼版权危机谈起》，《新闻界》2004年第5期。

41. 徐伟：《“米老鼠”作品的演绎战略及对我国版权产业的启示》，《中国出版》2006年第2期。

42. 高瑞霞：《出版业版权政策研究》，北京印刷学院硕士学位论文，2008。

43. 陈玉龙：《版权管理现状与出版业的对策》，《中国出版》2007年第6期。

44. 马海群：《论版权产业发展与现代版权管理技术的开发应用》，《出版发行研究》2002年第8期。

45. 胡伟、陈玲：《论出版社版权管理》，《出版发行研究》2003年第11期。

46. 谭晓萍：《论版权保护与出版社的发展》，《中国出版》2007年第6期。

47. 宋慧献：《传媒业版权经营初论》，《当代传播》2007年第5期。

48. 项一莎：《著作权战略的几个问题》，《出版发行研究》2009年第12期。

49. 宋贻珍：《中国新时期书报刊的版权保护政策》，《韶关学院学报》2007年第2期。

50. 张惠：《互联网出版存在的版权保护问题及对策》，《湘潭大学学报（哲学社会科学版）》2007 年第 3 期。

51. 何治安：《小议数字化时代图书版权纠纷——图书数字化也要经过出版者的许可》，《中国出版》2009 年第 1 期。

52. 王晓玲、郭彦青、吕志军：《电子出版物版权审查的侧重点与方法》，《中国编辑》2007 年第 6 期。

53. 常青：《论版权经营理念》，《编辑之友》2006 年第 2 期。

54. 孙学良：《版权价值评估与市场交易规则》，《大学出版》2001 年第 2 期。

55. 郭奇：《全球化时代版权贸易的文化传播使命》，《中国出版》2009 年第 3 期。

56. 邹静静：《版权贸易对出版社成长贡献研究》，北京印刷学院硕士学位论文，2008。

57. 彭心倩：《版权贸易合同研究》，湖南大学硕士学位论文，2005。

58. 张洪波：《版权贸易谈判实战技巧》，《出版广角》2008 年第 8 期。

59. 邹建华：《国际版权贸易信息平台的构建》，《出版发行研究》2005 年第 9 期。

60. 齐峰、王琦：《试析出版集团版权贸易的发展取向》，《出版发行研究》2007 年第 4 期。

61. 林海威、张岩峰：《出版集团该如何做好版权贸易工作》，《编辑之友》2005 年第 6 期。

62. 潘文年、张歌燕：《论出版社怎样构建版权贸易竞争力体系》，《出版发行研究》2003 年第 2 期。

63. 吴赟：《欧美国家对外版权贸易的特点》，《中国出版》2005 年第 8 期。

64. 张勤：《版权产业与版权贸易的发展——从美国经验看中国》，对外经济贸易大学硕士学位论文，2003。

65. 苏振华：《中美版权贸易比较研究》，湖南师范大学硕士学位论文，2008。

66. 王加胜、金铁鹰、王行鹏：《中美图书版权贸易平衡性辨析》，《山东社会科学》2010 年第 4 期。

67. 徐徐、朱允卫：《中美图书版权贸易现状与发展对策》，《中国出版》2009 年第 7 期。

68. 李峰、郭晓东：《从强势购权到国际组稿——版权贸易与“世图”的发展》，《出版发行研究》2002 年第 5 期。

69. 张福堂、周海霞：《新亮点闪出版贸新星——记河北省教育出版社图书版贸情况》，《出版广角》2003 年第 5 期。

70. 曾学民：《走适合自己的特色之路——陕西师范大学出版社版权贸易透视》，《出版发行研究》2008 年第 3 期。

71. 夏丽英：《精品与创新——生活·读书·新知三联书店的版权贸易》，《出版广角》2003 年第 5 期。

72. 柳青松、王文斌：《理念的引进与引进的理念——辽宁教育出版社版权贸易综述》，《出版广角》2001 年第 1 期。

73. 袁楠、竺祖慈：《眼光与责任——〈魔戒〉版权贸易个案“揭秘”》，《出版广角》2003 年第 5 期。

74. 聂镇宁：《一部超级畅销书的“生命工程”——〈哈利·波特〉的整体开发与营销》，《编辑之友》2002 年第 5 期。

75. 苏振华、汤伟武：《附属版权经营——一座被忽视的富矿》，《编辑之友》2006 年第 5 期。

76. 李红祥、汤伟武：《我国附属版权经营的瓶颈及其对策》，《出版广角》2008 年第 4 期。

77. 汤姆斯·艾伦：《美国出版业面对的挑战以及如何迎接挑战》，《中国包装工业》2009 年第 10 期。

78. 尚永：《美国的版权产业和版权贸易》，《知识产权》2002 年第 6 期。

79. 李武、肖东发：《2000 年以来英国图书出版业发展特征和趋势研究》，《出版发行研究》2008 年第 12 期。

80. 李明德：《欧盟“版权指令”述评》，《环球法律评论》2002 年第 4 期。

81. 王清：《欧洲出版商最新欧盟出版政策诉求述评》，《出版发行研究》2009 年第 10 期。

82. 黄永华：《立足全球经营的英国出版业》，《出版参考》2005 年第 10 期。

83. 刘先中：《英国中小型专业出版社如何开拓图书微观市场》，《编辑之友》2006 年第 1 期。

84. 章祖德：《积极、理智、时间、质量：译林出版社对外版权贸易心得谈》，《出版参考》2001 年第 7 期。

85. 夏蓓：《接力社的版权贸易之路》，《出版广角》2000 年第 8 期。

86. 傅大伟：《儿童精品图书的相互交流：明天出版社十年来对外版权贸易回望》，《中国图书评论》2001 年第 6 期。

87. 番人：《版权贸易——从 5 到 174：天津科技翻译出版公司经理邢淑琴访谈录》，《出版参考》2002 年第 13 期。

88. 李家强：《借船出海实现国际化：清华社版权贸易的实践与思考》，《出版参考》2003 年第 9 期。

## 二、英文文献

1. Robert E. Wright, Timothy C. Jacobson, George David Smith. *Knowledge for Generations: Wiley and the Global Publishing Industry*, 1807 – 2007. Hoboken, NJ: John Wiley & Sons, 2007.

2. Giles Clark and Angus Phillips. *Inside Book Publishing*. Routledge, 2008.

3. Lynette Owen. *Selling Rights*. Routledge, 2001.

4. Andrews K R. *The Concept of Corporate Strategy*. Homewood IL: Dow Jones – Irwin, 1971.

5. John B Thompson. *Books in the Digital Age*. Polity Press, 2005.

6. David Bergs Land. *Introduction to Digital Publishing*. Thomson Delmar Learning, 2002.

7. Digital Publishing: *Challenges for the Publishing Industry*: 26*th* & 27*th April* 1995, *Sheraton on the Park*, *Sydney*. IBC Conferences Pty. Ltd., 1995.

8. Jessica Litman. *Digital Copyright: Protecting Intellectual Property on the Internet*. Prometheus Books, 2001.

9. Adam D. Thierer, Clyde Wayne Crews. *Copy Fights: the Future of Intellectual Property in the Information Age*. Cato Institute, 2002.

10. Richard A. Spinello, Herman T. Tavani. *Intellectual Property Rights in a Networked World*: Theory and Practice. Idea Group Inc. (IGI), 2005.

11. Michael A. Einhorn. *Media, Technology, and Copyright: Integrating*

*Law and Economics*. Edward Elgar Publishing, 2004.

12. Suzanne Scotchmer. *Innovation and Incentives*. MIT Press, 2004.

13. Paul Goldstein. *International Copyright: Principles, Law, and Practice*. Oxford University Press, 2001.

14. Stephen Fishman. *The Copyright Handbook: How to Protect & Use Written Works*. Nolo, 2004.

15. John V. Martin. *Copyright: Current Issues and Laws*. Nova Publishers, 2002.

16. Stephen M. McJohn. *Copyright: Examples and Explanations*. Aspen Publishers Online, 2006.

17. Stephen E. Siwek. *Copyright Industries in the U. S. Economy: The* 2003 – 2007 *Report*, by Economists Incorporated, Prepare for the International Intellectual Property Alliance (IIPA) , June 2009.

18. Davies G. Copyright and the Public Interest (Ph. D) . *The University of Wales*, Aberystwyth (United Kingdom), 1997.

19. Patterson, *Susan K. A Study of Electronic Copyright Issues in Alabama Public School Systems (Ph. D)* . The University of Alabama, 2002.

20. Netanel, Neil, *J. S. D. Copyright and a Democratic Civil Society*. Stanford University, 1998.

21. Wright, Frederick A. From Zines to Ezines: *Electronic Publishing and the Literary Underground (Ph. D)* . Kent State University, 2001.

22. Lee, J – H. *Designing* a Reliable Publishing Framework (BL) . University of Cambridge (United Kingdom), 2000.

23. Zeelim – Hovav, *Anat. Managing Academic Electronic Publishing (Ph. D)* . The Claremont Graduate University, 2000.

24. Williams, Steven V., D. Min. Religious Publishing and Print on Demand: *A Comparison of Warner Press with Representative Religious Publishers between* 1980 – 2005. Asbury Theological Seminary, 2006.

25. Park, Ji – Hong. *Factors Influencing the Adoption of Open Access Publishing (Ph. D)* . Syracuse University, 2007.

26. Suarez, Jacinto E. Patterns of Organizational Diversification and the Production of Knowledge: *The Case of the American College Publishing Industry*. New

York University, 1990.

27. Calvin Reid. Settlement Halts Pirates. *Publishers Weekly*; Oct3, 2005.

28. Judith Rosen. CCC Wins Copy Shop Settlements. *Publishers Weekly*. New York: Nov. 17, 2003.

29. Steven Zeitchik. Four Publishers Sue L. A. Copy Shop. *Publishers Weekly*. New York: Jan. 27, 2003.

30. Judith Rosen. Wiley, Elsevier sue Document Service. *Publishers Weekly*. New York: Nov 19, 2001.

31. Directive 2001/29/EC of the European Parliament and of the Council of 22 May 2001 on the Harmonization of Certain Aspects of Copyright and Related Rights in the Information Society, Official Journal of European Communities, June 22, 2001.

32. FEP, Euro and the book: Advocacy Report of the Federation of European Publishers in Favor of European Programmes for Books, www. fep - fee. eu.

33. Alicia Wise. An Industry Copyright Infringment Portal to Combat Online Piracy. Publishing Research Quarterly, 2009 (4).

34. Jennnifer Howard. In Court, a University and Publishers Spar Over Fair Use; the Chronicle of Higher Education, Washington, Mar14, 2010.

# 后 记

本书是在我的博士论文基础上修订而成，因此我将铭记武汉大学的求学记忆。

2011 年 3 月，我的博士毕业论文终于完成，2012 年 3 月，本书拟定出版，我的幸福之感油然而生。

这种幸福，不是来自能够暂时放下手中的笔而集中精力欣赏樱花美景，而是终于能够向挚爱的人表达感激与祝福。

首先要衷心感谢我的导师黄先蓉教授。2008 年，在经过了三次考验后，黄老师把我纳入门下，使我有幸能够获得与老师近距离学习的宝贵机会。在“读博”的日子里，黄老师不仅在学习方面坚定支持我的研究方向，而且在生活方面也给予我无私的关怀与极大的自由，使我能够兼顾学习、工作以及照顾家庭。这篇博士论文选题的提出、提纲的拟定、文献的选择以及论文主要观点的论证，黄老师都为我提出了建设性的意见并悉心指导。可以说没有黄老师的支持与指导，我很难顺利完成这篇论文。

在“读博”期间，我还有幸得到很多老师的言传身教，使我受益无穷，在此深深表示感谢。他们是和蔼可亲的罗紫初教授，学识渊博、风趣幽默的方卿教授，严谨求实的吴平教授，不断创新的朱静雯教授，以及年轻有为的张美娟教授、徐丽芳教授和吴永贵教授。三年来，各位老师的授业解惑，使我拓宽了学识视野，巩固了专业基础，为我今后的学术研究提供了有益的启发和滋养。

三年的“读博”生活，除了有幸与乐川在获硕士学位之后再次同学且同寝室并见证其不断成长外，我还收获了与王丙炎、刘美华、许洁、安心、汪荃莉、郭浩等同学的珍贵友谊。三年的时光里，我们一同学习也一同成长，在人生的岁月里我们也将会一同进步并彼此牵挂。尤其是远赴荷兰学习的许洁，毕业答辩之时分外想念，如果她在，一切都会井井有条，也祝她一切安好。

十分怀念在《出版科学》编辑部的日子，那段时光可能是我这个编辑出版学研究者今生难得的实践之旅。应该说，那一段充实的选稿、编稿和校稿生活使我从另一个角度去领悟学术论文写作，快速地提升了我的专业学术素养，为我博士论文选题的确定与写作打下了良好的基础。在此也要真诚祝福编辑部的杨丹丹和胡芳，祝他们工作愉快、事事顺心。

此外，真诚感谢河南大学新闻与传播学院的领导对我攻读博士学位的支持。尤其要感谢李建伟院长，先生在我攻读硕士学位期间就在学习和生活上对我给予了无微不至的关心与照顾，如今对我外出攻读博士学位的大力支持更使我在求学的日子里没有后顾之忧，令人十分感动，唯有学成归来方能表达我内心的感激之情。

最后，我要感谢我的妻子和女儿。在武汉大学学习，我的生活是轻松愉快的，但妻子却十分劳累。她娇小的身躯把女儿从一岁带到四岁，耐心地教女儿养成各种好习惯，使我每次回家都会有惊喜。谢谢你，我的爱人，你让我享受到了完美的家庭生活。我来武汉大学时，女儿只有一岁半，她最初无法理解爸爸去哪儿了，只要一听到门响或者楼梯上有人走动的声音，就嘴里叫着“爸爸”扑向门口，我可以想象她每次失望的样子。我第一次从武汉大学回家是在夜里，女儿不知道。当第二天早晨她妈妈问她：“爸爸呢？”她仰起小脸望着墙上结婚照里我的照片，眼圈儿渐渐红了。当我出现在她面前时，那种喜悦无法言表，无声，但真的开心啊！此后，我把女儿的照片设为电脑桌面背景，以提醒我为了女儿不能虚度光阴。

回首想来，到武汉大学的三年求学生涯，留下了太多的愉快让我回味。这些愉快的回忆，来自那些原来高山仰止的大师，能够有机会亲密接触聆听他们的教诲，使自己的学术之旅可以继续扬帆起航，也来自那些亲人和朋友们的默默支持与真诚鼓励。授业之情、亲情和友情，此刻充盈我内心，轻言几句致谢之语，实难表达我内心感激之情，唯有加倍努力继续前行。

相信此书的出版将成为我继续前行的一个新起点。

2011 年 3 月于樱园

2012 年 3 月于河南大学明伦校区五号楼

**图书在版编目(CIP)数据**

出版企业版权战略管理/王志刚著. —北京：社会科学文献出版社，2012.11
（河南大学新闻与传播学院文丛）
ISBN 978-7-5097-3778-1

Ⅰ.①出… Ⅱ.①王… Ⅲ.①出版社-版权-战略管理-研究-中国 Ⅳ.①D923.414

中国版本图书馆 CIP 数据核字（2012）第 218243 号

河南大学新闻与传播学院文丛
**出版企业版权战略管理**

著　　者 / 王志刚

出 版 人 / 谢寿光
出 版 者 / 社会科学文献出版社
地　　址 / 北京市西城区北三环中路甲 29 号院 3 号楼华龙大厦
邮政编码 / 100029

责任部门 / 社会政法分社（010）59367156
电子信箱 / shekebu@ssap.cn
项目统筹 / 王　绯
责任编辑 / 孙燕生　关晶焱
责任校对 / 师晶晶
责任印制 / 岳　阳
经　　销 / 社会科学文献出版社市场营销中心（010）59367081　59367089
读者服务 / 读者服务中心（010）59367028

印　　装 / 北京鹏润伟业印刷有限公司
开　　本 / 787mm×1092mm　1/16
印　　张 / 12.5
字　　数 / 206 千字
版　　次 / 2012 年 11 月第 1 版
印　　次 / 2012 年 11 月第 1 次印刷
书　　号 / ISBN 978-7-5097-3778-1
定　　价 / 39.00 元